江西通史

———— 南宋卷第四冊

目錄

第六章｜手工業、商業的變化發展

第八章 ——

江西士大夫與
南宋政治

一個地區的經濟、政治與文化地位，是互相一致發展的。南宋時代江西地區的經濟與文化都處於興旺發展之中，進入官僚隊伍的士大夫人數不少，或參與朝廷大政決策，或在州縣行政施治，對南宋統治發揮了維護、支撐作用。官至執政者參與朝政決策，品學兼優者隨遇作出貢獻，從南宋的創建到南宋的終結，都有江西人表現非常突出，對社會全局產生了重大影響。下面大致分科舉競爭、朝廷決策、地方施治三個方面略予介紹。

第一節 ▶ 科舉中的江西人物

南宋一代江西科舉文化興盛，各次科舉考試都有大批江西學子參加並中舉，據光緒《江西通志》選舉志登錄的名單統計，共有進士三六六九名，另有「特奏名」七十名、「童子科」四十五名[1]。所謂特奏名，是北宋開始的慣例，凡「進士試禮部下，歷十八年得免舉，又四試禮部下，始特奏名推恩」。秦檜當權時期，大搞舞弊，以科第私其子，致使許多考生冤枉落第，士論喧

1　按，在這個進士總數中，已經減去重複出現的二十七個姓名，在下表的統計數中，為了不變動原始基數，故沒有扣除，仍作三六六九名。因這份名單數量很大，有姓名相同、鄉貫變異、考試多次、名字更改，以及抄錄誤差等情況，故尾數還可能有出入。此外，我在《江西史稿》第九章第五節寫「宋代江西共有進士五四四二人，其中北宋一七四五人，南宋三六九七人」（1993 年版，第 387 頁），即是計算不準，尾數不同。當以本次的數據，更接近《江西通志》的實際數。

嘩，他為緩解民憤，「減三年以悅眾」[2]。簡言之，特奏名指累次考試而年齡已大，但仍在考試之中，給予特別照顧而成的進士，故而與正常進士有所差別，通常不被重視。童子科則是十歲以上的兒童，能夠熟練背誦經書者，如果還能夠寫文章，則更勝一籌。歐陽守道曾介紹說：「吾廬陵每歲中童子選者，常居四方十之二、三，而能文者亦時有之」，劉家二童子，「同以記誦中，而後皆以能文，其一尚在十歲之內，今又以文試，吾知試之必高選也」。還有胡國寶的兒子胡，「生十歲，能讀五經如流，將入京試童子舉」[3]。

江西人士在學術、政績諸方面表現突出，名列《宋史》列傳者一一八名。從他們的家鄉所在、活躍於社會的早晚，可以窺見各地發展進程的起伏態勢。大致上說，就地域而論，吉州最盛，進士數量居多；在時間上看，南宋前期的高宗、孝宗兩朝，湧現於社會上層的人物眾多，此後低落，末期再度升起。

大量進士的湧現，這是江西各地書院教育發達，更是農業經濟興旺的結果。在當時社會條件下，要供養一個孩子讀書，參加科舉考試，必須有較強的經濟實力，不僅是長期讀書期間的費用，還有參加考試時的盤纏支出，對中等家庭都是一項重負，故而一些地方發起社會集資，幫助取得考試資格而又貧寒者克服困難。在臨安太學讀書的人，一般都有隨身僮僕侍候，如果遣散隨

2　《宋史》，卷三八八，《周執羔傳》。
3　歐陽守道：《巽齋文集》，卷十，《送劉童子序》、《送胡童子序》。

從，就視為傑出者。吉州周敬伯，補入太學，「散遣僮僕，歲晚不歸」，年底了還在臨安，每天讀書到深夜，楊萬里「嘉其有志」。周敬伯與眾不同地方，在於專心讀書，既不要僮僕侍候休閒，又抓緊年終時間苦讀，力爭科舉高中，報答父母的恩情與深切的期望。

一　十三州軍進士的分布

光緒《江西通志・選舉表》所列南宋江西進士名錄，從建炎二年（1128）開始，至咸淳十年（1274）結束，共計舉行四十九次考試。在每次考試中，江西大多數州軍都有若干名進士。下面以高宗建炎至光宗紹熙為前期（1128-1194），寧宗慶元至度宗咸淳為後期（1195-1274），將十三州軍進士人數（不含特奏名、童子科）表列如下：

・表8-1 南宋前後期進士分布表

州軍名	洪州	筠州	袁州	吉州	撫州	信州	饒州	江州	虔州	建昌軍	南康軍	南安軍	臨江軍	宗室	合計
前期	115	20	27	138	123	133	240	18	30	194	72	38	81		1229
後期	258	90	41	519	310	110	374	16	56	257	154	15	149	91	2440
小計	373	110	68	657	433	243	614	34	86	451	226	53	230	91	3669
名次	5	9	12	1	4	6	2	14	11	3	8	13	7	10	

通過上面的進士人數資料，使我們對十三州軍的科舉文化與人才狀況，可以作出一個基本分析。

首先，從時間上看，前期的六十餘年中，共計 1229 名進士，舉行過 22 次考試，平均每次約為 55.86 名；後期八十年中，共計 2440 名進士，舉行過 27 次考試，平均每次為 90.37 名，明顯超過前期。深入到每期的進士人數看，寶祐四年（1256）以後的 7 次共得 957 名，平均每次得 137 名。這種向上發展的趨勢，應是書院教育更盛，民眾文化水準逐步提高的反映。綜合起來，這 3669 名進士，平均分配於各次考試，則是南宋共計 49 榜，平均每榜 74.87 名。比較北宋，大有進步。北宋 69 榜，江西進士 1729 名，平均每榜 25.05 名。按縣平均，北宋 13 州軍下轄 65 縣，平均每縣 26.6 人；南宋 68 縣，平均每縣 53.9 人，也是多一倍。

其次，將江西進士數量置於宋朝進士總數中，看出所占比例是：北宋進士總數 19066 名，江西占 9%；南宋進士總數 23319 名，江西占 15.7%，比重大增。[4]

第三，在江西各州軍之中，前五名是吉州、饒州、建昌軍、撫州、洪州[5]。後面依次為信州、臨江軍、南康軍、筠州、虔州、袁州、南安軍、江州。這表明，江西北半部的東邊地區，先進於南部、西部地區，與各地的生產開發程度和歷史基礎完全一

4　宋朝進士總數，據何忠禮《宋史選舉志補正》附錄一《宋代科舉一覽表》登錄的進士數累計，均不含「諸科」、「特奏名」人數。浙江古籍出版社一九九二年版。

5　這裡的名次欄目有十四個，多出一個「宗室」與十三州軍並列，是因《江西通志》單獨列出了「宗室」，這些進士沒有歸屬某一個州縣，我們也就難以將他們劃在何處計算，只能仍舊。

致。從發展過程上看，紹興年間吉州處於低迷階段，而饒州、建昌軍反是；理宗以後吉州的優勢十分明顯，而饒州、建昌軍則在下降。在三個主要階段上，吉州進士數在後兩個階段中都超過全江西的五分之一，穩居領先地位。吉州、饒州、建昌軍的變動數據詳如下表所示：

・表8-2 吉州、饒州、建昌軍進士增減表

階段	江西進士	吉州	占總數%	饒州	占總數%	建昌軍	占總數%
建炎 2 年—紹興 30 年（1128—1160）	665	68	10.2	141	21.2	137	20.6
寶慶 2 年—淳佑 7 年（1226—1247）	670	145	21.64	109	16.27	75	11.19
淳佑 10 年—鹹淳 10 年（1250—1274）	1116	256	22.94	160	14.33	95	8.51

第四，以縣為單位考察平均進士人數，看出前 5 名的順序需要調整，建昌軍躍居第一，吉州退居第四。具體情況是：

・表8-3 吉州等五州軍平均每縣進士數量表

州軍	轄縣	進士總數	平均每縣	名次
建昌軍	4	451	112.75	1
饒州	6	614	102.333	2
撫州	5	433	86.6	3
吉州	8	657	82. 125	4
洪州	8	373	46.625	5

單舉一縣的絕對數，最突出的是建昌軍南城縣，其次是饒州德興縣。科考一次錄取八名進士以上，南城記錄了十五次，最多的一次紹興二十一年（1151年），得二十一名；德興記錄了七次，最多的一次紹興五年（1135年），得十一名。泰和、廬陵、吉水、臨川、南豐、浮梁等縣，也多次有多人考中進士。

　　建昌軍的綜合數據突出，得益於本身發展速度加快。包恢《建昌登科錄序》記載：「自太平興國八年（西元983年）至今（指淳祐七年），凡二百二十六年，八十有二科，得三百八十七人」[6]。將南宋部分拆出來，可以看出建昌軍快速發展的態勢。從《江西通志・選舉表》得知，建炎二年至淳祐七年（1247年），四十科，建昌軍得進士三五六人，那麼北宋時的四十二科中，只有三十一人，相差懸殊，可見建昌軍在南宋時期的發展，遠遠快於北宋時期。

　　第五，關於宗室的進士。上表顯示，南宋總共四十九次科考中，在江西的宗室進士有九十一名，見於寧宗嘉定四年（1211年）以後的二十二次的進士名錄中，尤其是咸淳元年（1265年），一次得四十七名，其他各次多是三、四人。應該注意的是，這些人是標註了「宗室」身分，與十三州軍的進士並列。其他二十七次科考進士名錄中未見「宗室」字樣，是否就是無宗室

6　包恢此文首句説「皇帝淳祐之七年，親策天下士，而我盱江張君淵微實為第一」，這個時間下限沒錯，那麼自太平興國八年（西元983年）至淳祐七年（1247年），就是二六四年，比包恢説的二二六年多三十六年，不知問題出在哪裡。

子弟中舉？恐難輕易下結論。以咸淳元年（1265 年）這次的進士為例，瑞州（筠州改名）十五名，全部趙姓；南豐二十三名，內中二十一名趙姓；新淦十一名，內中八名趙姓；清江八名，內中五名趙姓。這四個州縣的四十九名趙姓進士，看其人名用字風格，與「宗室」者完全一致。由此可以推測，前者四十七名是保留了宗室戶籍的人，後者四十九名則可能是失去宗室身分，已經改為民籍了，也有可能是志書編撰者徑直將他們寫入本地。如果這個分析不錯，那麼這一次趙姓宗室進士人數達到八、九十名。為什麼會這樣集中湧現，有待更深入的專題研究。還有，那四十七名「宗室」進士的落籍地點，將改變進士的地理分布的態勢，但現在無法說明，還是一個謎。

二　貢士名額與社會對科考的贊助

　　科舉考試，為著選拔官僚，故而特別受到重視；進士人數雖然增多，然而在讀書人中的比例很小，所以又顯得珍貴。各州軍的貢士名額，有多少之差別，在一定程度上影響了進士人數。南宋江西十三州軍選送朝廷參加科舉——貢士的名額，未見完整的資料，部分的數據大致上反映了一般概況。號稱文物之盛甲於江東的饒州，每三年獲得科考資格的人不過三、五十名。元祐五年（1090 年）解榜只三十三人，宣和、政和年間，撥信州弋陽縣建節鄉入饒州德興縣，分割苗稅，相應減信州解額兩名歸饒州，這時才有三十五名。「自大觀興三舍試，鄱士浸盛，以在郡學人數定貢士額，歲貢一十八人半，後罷貢法行鄉舉，合三年大比，積計五十五人半，遂為定製」。南宋初期，在江南的西北流寓士人

多，每州科場各舉兩名西北士人。紹興二十六年（1156 年），不單獨在流寓者中選人，將名額併入所在州軍，「諸郡各增其二，唯饒以額寬，故仍舊云」[7]，即維持五十五點五人。

江西諸州名額最多的吉州，每三年合計六十八名。贛西北的幾個州軍中，瑞州的名額最少，每年八名；相鄰的臨江軍赴考終場人數與瑞州相當，而貢士三十二人，比瑞州多三倍[8]。端平元年（1234 年），下詔各路增加貢士人數，江西袁州率先奏請准增兩名，之後洪州增三名，而瑞州沒有增加。瑞州的貢士名額與參加選拔考試人數的比例很小，「終場近三千人，而與貢之數僅八」，僅為千分之二點六。由於本州的名額太少，於是每歲大比的時候瑞州生員四散溢出，徑直到上一級參加選拔考試，獲得資格的「常數十人」。建昌軍的名額是三十七個，也不算多，而其進士人數不少，故而同樣存在取得參考資格的其他途徑。

寶祐元年（1253 年），瑞州新昌縣（今宜豐）姚勉考中狀元，奏請將自己應得的承事郎出身，降四資為文林郎，換取增加本州貢士名額四個[9]。由此可見，進士考試中的競爭非常殘酷，被擠出獨木橋的讀書人極多。物以稀為貴。苦讀之後得到舉薦的資格，自然要拼全力去赴考，奪取進士身分，走上官宦之路。

7　《遊宦記聞》，卷一。

8　瑞州的貢士人數與江東建康府比較，不算少。《景定建康志》，卷三二記載建康有史以來的貢士解額：「晉元帝初制，揚州歲舉二人。宋製丹陽郡歲舉二人。隋制蔣州歲貢三人。唐制昇州歲貢三人。本朝中興初建康府解額一十名，紹興二十六年增為一十一名」。

9　姚勉：《雪坡集》，卷二八，《上丞相謝濆山書（癸丑）》。

　　眾多進士的湧現，還得益於地方人士在經濟上對科考的資助。有能力讀書赴考的學子，一般都是家庭富裕，然而富裕階層在人戶總數中是很少數，經濟不寬裕者普遍存在。即如吉州，到京師就試，節儉者「旅費不下三萬」，不能節儉者，則「或倍，或再倍之」。一試即中，得官，猶可言，若是考多次，更不知要耗多少錢。故此有一批貧寒舉子，經濟上難以赴考。遂有熱心的社會人士發起贊助，以便獲得赴考資格的生員不受盤纏困擾。

　　撫州崇仁縣有「義約」。起因是：曾經有士人因家庭孤單，獲得薦舉資格而旅費難籌，向親友求助，「歷求裹糧於親故，終不滿千錢」，無濟於事。此人既憤懣且慚愧，「掛錢於城門，誓之曰：我且顯，當徙族以去」。已而果然離開了崇仁。此事激發當地士紳反省，相約科場成名之後，必出錢資助貧寒的生員。這個「義約」的內容不知，只見樓鑰《跋撫州崇仁縣義約》，他評議說：某人受到冷漠對待而遷走，「非輕去父母之邦，蓋病其裡俗之不可變也」。但後來變了，發起了「義約」組織，可見「凡濟人利物之事，相與講求而興起之，下至田裡，必有出入相友，守望相助，疾病相扶持之風」。此風氣的社會效益就不僅是「寒士之利」[10]。

　　吉州各縣，據歐陽守道說各縣都先後設有貢士田莊。吉水縣的貢士莊，每年收租四百石，積貯換錢，至科考之年分送給應舉的生員。為什麼設貢士莊？歐陽守道解釋說：每三年開科取士，

10　樓鑰：《攻愧集》，卷七十，《跋撫州崇仁縣義約》。

「有司第士之文，以其名上，謂之鄉貢。其人詣行在所，遠者至數千里，近猶千百里，旅食不與給也。」吉水士人中的貧者如楊萬里，「其與貢而無以行之狀」，一直為故老傳說下來。理宗時期，知縣陳升之認為：「生誠齋之鄉，皆可望以誠齋之操。然而士不肯求於人，可也；我聽其自行自止，則不可」。於是捐俸「置田立莊，積其租入易鏹，而藏之三歲則發焉，而等第均送」。歐陽守道認為，陳升之對士人的資助可謂厚矣，不能只計算給了多少錢，「豈貨財為禮之謂哉」！[11]

盧陵縣貢士莊，是吉州知州李某應鄉紳劉某的請求而建立的。劉某兒子劉芮，在盧陵宣溪王家教外甥讀書，不久甥病亡，其姐家把書館之田交給劉芮。劉某不願私有此田，對兒子說：汝教人習科舉業，「亦知士之貧乎？士與貢亦榮矣，然出門惘惘，有道路覊窮之憂」。劉芮遵命將田交給貢士莊，「歲得米三千斛有奇」。貢士莊由「郡博士偕邑大夫，視其入及期易為泉，視其人分臚之。既奏名集英（殿）對，亦如之；或試國子監，與選為諸生，亦如之，各有差」[12]。能夠這樣寬泛地資助，皆因有三千斛田租支用。不過，這已超越扶貧，而是對學而優者的獎勵。劉某將可以歸己有的田產而不要，用於資助地方科舉文化事業，值得讚揚，「賢哉」。

饒州安仁縣（今餘江）的貢士莊，有田四百畝，設置於寧宗

11　歐陽守道：《巽齋文集》，卷十三，《吉州吉水縣貢士莊記》。
12　《巽齋文集》，卷十六，《盧陵貢士莊記》。

嘉定年間。知縣劉強學聘請本縣鄉先生湯師中到縣學教授，月旦會講，他率諸生聆聽，瞭解到這裡「學不養士」，於是連續三年「會出納，裁冗濫」，整頓一縣經費，籌措資金，積得餘錢，「乃舉以市田四百畝，名貢士莊，士之上南宮、太學者，賴以續食」[13]。可以官費參加科舉考試、讀太學，就會帶來「中第者相屬」的效果。

建昌軍青雲莊，是知軍趙孟蒆所建，目的是資助寒畯之士。建莊之時，正有南豐縣安禪寺毀於寇，其寺田無所屬，於是將其田租撥歸青雲莊，在安禪寺廢址上建倉四間存積，名曰青雲莊錢谷，每三年結算一次，凡進京參加進士考試者，可以得到不同數量的餽贈。[14]

新淦縣的青雲約、魁星約，是曾叔仁等九名士紳組織起來的，他們鑒於「士方窮時，驟得一舉，屬有千里之役，無所取資」的困難，自願合力助送資金，以便舉子實現「進奉天子之對，由此培植為他日賢公卿大夫」[15]。

饒州士紳對舉子以金錢贊助，同時對他們提出道義上的要求，相互訂立「榮登義約」。嘉定三年（1210 年），洪咨夔在饒州《榮登義約序》說：袞金相助，以義為勸，「然義利相去不能以寸而趨舍，有舜、跖之分」。平時以道義相磨礪，「至利害迫之，小則賣友，大則賣國，視所學為芻狗者多矣。諸君聯翩青

13　真德秀：《西山文集》，卷四六，《湖南運判劉公墓誌銘》。
14　文天祥：《文山集》，卷十二，《建昌軍青雲莊記》。
15　文天祥：《文山集》，卷十三，《新淦義約籍序》。

雲，致身富貴，其毋忘齏鹽時……毋忘同盟時。能守是約，斯可謂義」。[16]此番道理，闡明社會贊助舉子的厚望，對今天助學慈善事業，也有啟迪意義。

社會賢達人士資助科考者，為了使他們能得到功名之後，篤行道義，絕不是在利害面前賣友、賣國，或者置身富貴便忘記貧窮之時。功名與品德，求學與做人，二者必須並重，而且做人節操要擺在指導位置。

三 《宋史》列傳中的江西人與狀元

1. 《宋史》列傳中的江西人

在三千六百多名進士之中，有相當一部分人任職於朝廷或州縣，其中又有不少政績顯著、學術成就突出者，為《宋史》寫入列傳，反映出他們的社會影響較大。但入傳者也有個別不是進士，而更多的進士，甚至有一定社會貢獻者，沒有進入列傳。官至參知政事的董德元，可能因其阿附秦檜，《宋史》也沒有為他立傳。鑒於資料保存情況，我們目前只能就《宋史》的記錄，做一些觀察。

來自江西十三州軍的各類人物，紹興中期以後，朝中饒州人士很多，士大夫們相互談論說：「諸公皆不是痴漢」，意思是要看清這種形勢。監司在上報推薦京官過程中，「以關節慾與饒州人」，有人規勸應當孤寒優先，監司者憤然曰：「『得饒人處且饒

---

16 洪咨夔《平齋集》，卷二九，《楚泮榮登義約序》。

人』。時傳以為笑」[17]。這句政治笑話諷刺官場走關節之弊,亦見當時朝廷中饒州人所處位置顯要。

在關注到政績之時,還需對官場的普遍弊病有所瞭解,以便有一個比較完整的認識。紹興年間,安福王庭珪對官僚群體總的評價是:「厥今風俗大壞,上下相師,恬不知怪,雖士大夫常衣儒衣,道古語者,皆甘心自置於廉恥之外,而無高人之意。由是天下日趨於靡敝,盜賊群起,民益困窮,瘡痍呻吟之聲未息,而貪殘之吏,誅求剝斂,海內愁怨,未有如今日之極者也」。[18]官場腐敗歷朝都有,表現的形式與禍害程度各因形勢不同,官僚之間則因人而異,或隨波逐流,乃至率先鼓蕩,或潔身自好,甚至奮起抗爭,故而仍能在官僚中層發現積極因素,有事蹟可寫。

粗略統計,《宋史》列傳涵蓋的江西人共有一一八名,而列為傳主者共計八十四名。依據他們活動的主要時段,大致分布如下:

高宗時期,二十三名:徐俯(分寧)、朱弁(婺源)、李朴(興國)、洪皓、洪适、洪遵、洪邁(鄱陽)、胡銓、劉才邵(盧陵)、向子諲、蕭燧(清江)、晏敦復、李浩(臨川)、程瑀、汪澈(浮梁)、張燾(德興)、曾幾、曾開(贛縣)、陳康伯、周執羔(弋陽)、施師點(上饒)、王剛中(樂平)、汪應辰(玉山);

孝宗、光宗時期,三十一名:謝諤(新喻)、張大經(南

17　陸游:《老學庵筆記》,卷一。
18　王庭珪:《盧溪文集》,卷二七,《與宣諭劉御史書》。

城）、周必大、楊萬里（廬陵）、趙汝愚、趙崇憲、柴中行（餘干）、朱熹（婺源）、陸九齡、陸九韶、陸九淵（金溪）、劉清之、彭龜年、章穎、徐夢莘、徐得之、徐天麟、張洽（清江）、羅點、何異（崇仁）、京鏜、李大性（南昌）、王阮（德安）、陳敏（石城）、張運（貴溪）、孫逢吉（龍泉，今遂川）、曾三聘（新淦）、李燔（建昌，今永修）、汪藻（德興）、黃灝（都昌）、湯漢（安仁，今餘江）；

寧宗、理宗時期，二十名：趙蕃（玉山）、曹彥約（都昌）、范應鈴（豐城）、朱貔孫（浮梁）、歐陽守道（廬陵）、陸持之（金溪）、徐鹿卿、黃疇若（豐城）、王登（德安）、楊揆、危稹（臨川）、馬廷鸞、洪芹（樂平）、曾三復（清江）、羅必元（進賢）、余玠、冷應澄、黃炎曆（分寧）、陳仲微、劉應龍（高安）；

度宗及其以後，十名：江萬里、馮去非（都昌）、章鑑（分寧）、文天祥（廬陵）、劉伯正、李伯玉（餘干）、包恢（南城）、徐元傑（上饒）、徐宗仁（永豐，今廣豐）、謝枋得（弋陽）。

此外，在方技中有醫藥家王克明（樂平）、道人王仔昔（洪州）。還有二十多名忠義人士，十多名列女。

忠義人士有南宋初年因抗議投降而遇害的歐陽澈（崇仁），更多的是宋末抗元的英雄義士：陳元桂（臨川）、尹玉、陳繼周（寧都）、趙良淳（餘干）、黃介（分寧）、吳楚材（南城）、李大成（建昌）、李覯（龍泉）、朱嗣孟、鐘季玉（樂平）、趙希洎（宜春）、劉子薦（安福）、陳羍（安仁）、蕭雷龍（新城，今黎川）、鄒鳳（永豐）、劉子俊、劉沐、蕭資（廬陵）、孫□（龍泉）、彭震龍、蕭燾夫（永新）、蕭明哲（泰和）、何時（樂安）、

陳子敬（贛州）、劉士昭（泰和）。

《宋史》編撰者以道學畫線，取捨人物，韓侂胄專權時期打擊「偽學」時期，豐城劉德秀受到重用，後官至吏部尚書、簽書樞密院事，卻不見於人物傳。宋末的執政南豐曾淵子，也沒有收入人物傳。故而上列入傳人名展示了江西在社會政壇的大勢，但不全面。

2. 科舉考試中的江西狀元

在南宋四十九次科考中，江西有五人為進士第一名，占南宋四十九名狀元的百分之十點二。這些狀元的人品、政績、學術成就，多數不突出，不是第一水平。然而，他們有皇帝親擢的名望，對推動科舉有轟動效應，故而留下歷史印記。建昌軍張淵微為淳祐七年（1247 年）狀元，當地官府和士大夫異常振奮，認為這是前所未見的「天樞第一星之流光」，於是「鼎建二碑」，又編登科錄，敦請大臣包恢寫序。包恢說：建昌軍進士「或以文章學術名，或以氣節事業顯」，其名錄「使觀者心開目明，聞其風而為之興起，豈曰小補之哉」。他提出規誡說：「聖人不過盡善、盡性耳，是之謂元聖。……張君果然不以今日狀元自足，則必偉然以長善之元自勵，是入善之魁也」，倘使後來的進士「皆能常體此善意勿替」，「則積善成名，元元不已，生生不窮」[19]。

19　包恢：《建昌登科錄序》。該文不見《敝帚稿略》，此據《南城縣誌》，新華出版社一九九一年版，第 464 頁。序文中說「自太平興國八年（983 年）以迄於今，凡二百二十六年，八十有二科，得三百八十七人」。迄於今，該是張淵微中狀元的淳祐七年（1247 年），則應為

包恢充分肯定狀元的榜樣意義，而心意放在狀元、進士的道德品行上面。下面介紹狀元們的事蹟大概。

汪應辰（1118-1176 年），字聖錫，信州玉山人。其父為弓手，在縣衙服役。他五歲開始讀書，多識冷僻少見的字。家貧無膏油，他拾柴薪點燃照明看書。十歲能詩，作對聯。縣尉喻樗教子弟讀書，有衛兵說：汪兵的兒子可以學。喻樗叫他來面試，喻說上聯：「馬蹄踏破青青草」，他對：「龍爪拿開白白雲」。喻驚異，將他留下，後將女兒許配給他。紹興五年（1135 年），他十八歲，參加科考，殿試時以吏道、民力、兵勢為問，他答：為治之要以至誠為本，在人主反求而已。中書舍人胡寅評議曰：「年未及冠，而能推明帝王躬行之本，無曲學阿世之態」[20]。擢進士第一，授鎮東軍（治今浙江紹興市）簽判。他本名洋，特賜名應辰。

召為秘書省正字。時秦檜力主和議，應辰上疏，指出朝政因循無備、上下相蒙之弊，最可畏。秦檜大不悅，把他差為建州通判，他不去，請祠祿。寓居常山之永年院，以修身講學為事。

後來通判袁州，剛開始，有人輕視他是書生，待看到他處理政務之精審，乃知雖老吏不能及。紹興二十六年（1156 年），召為吏部郎官，他以母老乞外，乃知婺州。州積欠上供十三萬緡，

二六四年，按宋朝開科次數清點，共得九十一科。這個差異原因待考。

20　胡寅：《斐然集》（點校本）卷一四，《汪應辰改官》。中華書局，一九九三年版。

他與屬縣約定：蠲舊逋，去苛斂，約定徵收期限，堵塞侵吞滲漏。終於全部補足上供。

除秘書少監，遷權吏部尚書，轉權戶部侍郎兼侍講。金兵將南侵，詔求足食足兵之策，應辰直言因循苟安之弊：「臣之所憂，不在兵之不足，在乎軍政之不修。自講和以來，將士驕惰，兵不閱習，敵未至則望風逃遁，敵既退則謾列戰功，不惟佚罰，且或受賞。方時無事，詔令有所不行。一旦有急，誰能聽命以赴國家之難。」

紹興三十二年（1162 年）孝宗繼位，應辰遂出知福州。二年後，改為四川制置使、知成都府。

後召還朝，孝宗稱讚他在蜀革弊殆盡，他說尚有預借、對糴二弊：「預借乃州縣累歲相仍，對糴則以補州縣闕乏，民輸米一石，即就糴一石，或半價，或不支，且多取贏」。除吏部尚書，尋兼翰林學士並侍讀。

由於應辰處事剛方正直，敢言不避，遂以論議不合，出知平江府。因米綱有虧少，被貶秩。他請祠歸，臥家不起，淳熙三年（1176）二月卒。後追諡文定。

汪應辰博綜百家，少受知於喻樗，中狀元後從張九成學，養成剛正骨鯁品性。多識前言往行，不佞佛。他寫信對兒子伯時說：「唯公與正，乃萬事之本。又須行之以恕，居之以寬，庶幾久而無愧。」[21]有《文定集》（一名《玉山集》）二十四卷行世。

21　《宋元學案》，卷四六，《玉山學案》。

徐元傑（1196-1245 年），字仁伯，信州上饒人。他聽說朱熹門人陳文蔚在鉛山鵝湖講書，前往求學，拜陳為師。後又就學於真德秀。紹定五年（1232 年），進士第一，授簽書鎮東軍判官廳公事。

　　淳祐元年（1241 年）差知南劍州（治今福建南平市），南劍有延平書院，他率郡博士會諸生於書院，講授答問。鄉民來訴訟，他宣講道義倫理，使民眾受到啟發，化解了糾紛而去。農民交納田賦，永許他們自己執概校量。後召還朝，為崇政殿說書。

　　淳祐四年（1244 年）丞相史嵩之丁父憂，有詔起復，元傑上奏反對，這篇奏書朝野廣為傳頌，理宗亦不得不說這是徐元傑孤忠之意，遂取消史嵩之起復之命。

　　淳祐五年（1245 年）拜太常少卿，兼國子祭酒，權中書舍人。六月朔，暴卒，或以為遭史嵩之毒害，其妻「申省，以為口鼻拆裂血流，而腹脹，色變青黑，兩臂皆起黑泡，面如斗大，其形似鬼。欲乞朝廷主盟，與之伸冤」[22]。殿中侍御史鄭采等眾官呼籲調查此事。太學諸生上殿訴冤說：「昔小人有傾君子者，不過使之自死於蠻煙瘴雨之鄉，今蠻煙瘴雨不在嶺海，而在陛下之朝廷。」於是，命鄭采負責調查處理，並懸賞緡錢十萬、官九品，招募告發者，但始終沒有結果。理宗表示悼念，賜官田五百畝、緡錢五千貫給其家。賜諡忠愍。

　　元傑長於文學，其詩清新流暢，有《梅野集》十二卷行世。

22　周密：《癸辛雜識》，別集卷下，《嵩之起復》。

　　張淵微（？-1259？年）[23]，字孟博，號平齋。先祖由北方南遷，落籍建昌軍新城縣（今黎川縣）。淵微自幼聰穎好學，日誦千言，通五經，尤長於《春秋》。淳祐七年（1247年）科考，得到理宗賞識，擢為進士第一。當時正值久旱，淵微率全體新科進士奏請免去瓊林宴，為朝廷節省經費，受到群臣稱讚。歷官秘書省正字，都官員外郎。寶祐元年（1253年）七月，出知安吉州。五年（1257年）正月升將作少監、秘書少監。最後官至吏部侍郎，卒於任所。

　　淵微為人端莊質直，尚義氣，以節勁著稱。強調儒學的教化意義，字紙亦視為綱常的載體而珍重，有人「見其僕每聚故字紙焚之，曰：恐為人踐踏」[24]。

　　姚勉（1216-1262年），字述之，一字成一，號雪坡。瑞州新昌（今宜豐縣）天德鄉靈源人。從小勤奮好學，參加寶祐元年（1253年）科考，在對策中建議理宗「立中道以用天下之賢，獎直言以作天下之氣」。主考官評議他的答卷「規模正大，詞氣懇切，所答聖問八條，皆有議論，援據的確，義理精到，非講明理

23　一九九三年版《黎川縣誌》張淵微傳寫其生卒年為「1182-？年」，周臘生《宋代狀元譜》假定張淵微活了五十一歲，寫作「1215-1265年」，二者差距很大。縣誌載有張淵微《臚傳寫興》詩，説「讀盡詩書數百擔，綠袍今始換藍衫。嫦娥問我年多少？二十年前四十三。」據此，則六十三歲時還健在。他寶祐五年（1257年）為將作監以後還升任吏部侍郎，故假設他此詩作於寶祐五年，活了六十五歲，所以生卒年為一一九五至一二五九。

24　俞文豹：《吹劍錄外集》。四庫本。

學，該博傳記者，未易到此。奇才也，宜備掄魁之選」。理宗據此評語，擢他狀元及第。姚勉的老師樂雷發屢舉不第，他奏請把自己的科第讓給老師。理宗為其敬師的真誠心意所感動，特召樂雷發上殿，親自考試，賜其特科第一。

姚勉心憂南宋時局，排奸指佞，不顧個人安危。寶祐四年（1256 年），太學生劉黻、陳宜中、陳宗等多人伏闕上書，彈劾權奸丁大全專權誤國，未採納，被驅逐。他上書挽救，未被採納，憤然辭職歸鄉。

景定元年（1260 年）六月，為校書郎，兼太子舍人。一天，他給太子講《易經·否卦》，恰好理宗來探視，他乘機借題發揮，抨擊權奸，得罪了右丞相賈似道，被免職罷歸。景定三年（1262 年）病卒。有《雪坡舍人集》五十卷行世。

姚勉淡泊名利，為人磊落有節操。工書法，長於文學，注意反映鄉民生活。其《婆餅焦》曰：「阿婆炙餅半焦赤，阿婦罵兒嗔不食。西家割遲麥爛死，婦姑對泣空辛酸。」

文天祥（1236-1283 年），字履善，一字宋瑞，號文山，盧陵（今吉安）富田人。其父文儀，字士表，號革齋，以勤奮讀書，學識淵博聞名。文天祥從小在父親嚴格的管教督促下，學習刻苦，景仰志士仁人。十八歲時，在縣學中看見歐陽脩、楊邦乂、胡銓、周必大畫像，感慨於心，嘆曰：「歿不俎豆其間，非夫也！」立志為國家幹一番轟轟烈烈的事業。二十歲時，進白鷺洲書院，就學於歐陽守道，受其操行品格的深刻影響。

寶祐四年（1256 年），文天祥二十一歲，參加科考，殿試對策針對南宋的危重形勢，向理宗提出「法天地之不息」精神，解

決民生困苦、士習卑污、兵力衰弱、「虜寇」嚴重四大問題，克服朝政中的腐敗，「壯正人之氣，養公論之鋒」，起用因直言被貶的官員。[25]理宗讚賞他的對策，擢狀元及第。因父去世，未受官職。開慶元年（1259 年），守喪期滿，授承事郎、寧海軍（治杭州）簽判。當時蒙古軍圍攻鄂州（今武昌），宦官董宋臣主謀遷都。文天祥上書請斬董宋臣，統一人心，籌劃抗戰。書奏，不報。他憤然辭職回鄉。

兩年後，起用為秘書省正字，充殿試考官，進校書郎。景定四年（1263 年）春，任著作佐郎兼權刑部郎官。八月，再次彈劾董宋臣，不被理采，出知瑞州（治今高安市）。第二年改為江西提點刑獄。不久，遭政敵所攻，罷職歸里。

度宗咸淳五年（1269 年）四月，差知寧國府（即宣州，今安徽宣城縣）。六年（1270 年），為軍器監兼權直學士院。他在起草的制書中譏刺權相賈似道，再次被罷職，家居。九年（1273 年）正月，起用為湖南提點刑獄。時江萬里為湖南安撫大使知潭州，天祥與談國事，萬里曰：「吾老矣！觀天時人事，當有變。吾閱人多矣，世道之責，其在君乎！君其勉之」。年底，改知贛州。

恭宗德祐元年（1275 年）正月，元軍渡過長江，對臨安採取合圍攻勢。朝廷號召各地發兵救援京城。文天祥即刻以自家財產組織義軍萬人赴臨安。他奉命救援真州（今江蘇常州），失

25 《文天祥全集》，卷三，《御試策》。江西人民出版社，一九八七年版。

利，退守餘杭（今杭州西）。次年（1276 年）正月，朝中大臣紛紛逃走，文天祥出任右丞相兼樞密使，奉命赴元軍營中議和，斥責元丞相伯顏，被扣留。二月初五，元軍攻入臨安，宋恭宗率百官投降。初九，文天祥被元軍脅迫北上，二十九日至鎮江，逃脫，輾轉南下。

五月，趙昰在福州登基，是為端宗，文天祥由海道入閩，仍任右丞相兼樞密使，率兵在閩廣一帶堅持抗元，收復了一些州縣。

祥興元年（1278 年）四月，趙昺即位。八月，加文天祥少保，封信國公。十二月二十日，在五坡嶺（今廣東海豐縣北）被俘。祥興二年（1279 年）正月，堅決抗拒元將張弘范的誘降，寫《過零丁洋》詩以明志。南宋亡，文天祥被押北上，十月至大都（今北京）。在三年的囚徒日子裡，屢經威逼利誘，他誓死不屈，作《正氣歌》，大義凜然。至元十九年十二月（1283 年 1 月）在菜市口從容就義，年四十七歲。

文天祥是中華民族的偉大民族英雄，也是成就卓著的文學家。其忠義慷慨之文，為人傳頌。其詩在德祐之後風格大變，被俘後堅持寫作，有《指南後錄》詩二一〇餘首，《吟嘯集》詩五十三首，《集杜詩》兩百首，歷陳古今人物事蹟，抒發忠義氣節，豪放激越，堪為詩史。他善於書法，學二王，擅長行書、小篆，頗有晉人書風法度，又博採唐人草書之長。他的書法作品因其忠義氣節而備受重視。

文天祥是宋代狀元中最偉大的一個，也是歷代狀元中最受人景仰的一個。狀元、宰相、民族英雄、文學家、書法家，集於一

身，最充分地體現了一個人的人生價值。

在上述五人之外，還有董德元、趙汝愚、池夢鯉三人需予以說明。

董德元（1096-1163年），字體仁，樂安縣流坑人，「以文章廷試魁天下士」，考中第一，但沒有列入狀元之中。出仕前學於家族書院，師從族叔董觀。徽宗政和六年（1119年）鄉試奪魁，但會試不利，並且「累舉不第」，蹉跎二十餘年，至於「貧甚，無以自養，乃從富人家書館」，充當鄉先生，教書餬口。紹興十五年（1145年），再應禮部試，以特恩奏名，得官湖南道州寧遠縣主簿。兩年後，他再赴漕試（江南西路轉運司主持的考試），又中舉。紹興十八年（1148年），禮部會試，得奏名，「廷試居第一，以有官之故，詔升王宣子居上，而董次之，恩例與大魁等，得左承事郎，簽書鎮南軍判官」[26]。雖然「恩例與大魁等」，民間稱作「恩榜狀元」，但在官府制度中有區別，名分上不得混同。在《系年要錄》、《文獻通考》、《宋史》等的記錄中，紹興十八年榜的狀元是王佐，不是董德元。

這時董德元已五十二歲，歷經艱難而後得來的功名，倍覺珍貴，他滿意高宗的苟安國策，不反對秦檜獨攬朝政，而是謹慎職事，阿附秦檜，是一個「柔佞易制者」。幾年間一路攀升，紹興

26　洪邁：《夷堅志》，支景卷五，《董參政》。中華書局一九八一年版。
　　王宣子，名佐，浙江紹興人，初授秘書省秘書郎，不阿附秦檜父子，被罷免。秦檜死後，起用為吏部員外郎，最後以權戶部尚書終。

二十四年為殿中侍御史，當年殿試，秦檜以董德元等為考官，他領會其意，與權禮部侍郎湯思退等通同作弊，把秦檜之孫秦塤擬為第一，並私下報告秦熺（秦檜之子），以便向秦檜邀功。後因高宗不滿意秦塤的策論，降為第二，擢張孝祥第一。此次獻媚未成，然而他投靠秦檜之心不變，承其旨意，接連彈劾了三位執政。二十五年（1155 年）四月董德元為中書舍人，八月「自吏部尚書除參知政事」[27]。他官運亨通，皆因甘當秦檜黨羽。

　　然而，好運不長。這時秦檜已病危，德元還想巴結秦氏，和秦檜姻黨曹泳等合謀，欲讓秦熺即相位，但高宗不許。秦檜召董德元、湯思退二人至病房內，囑以後事，各贈黃金千兩，「德元以為若不受，它時病癒，疑我二心矣，乃受之。思退以為檜多疑心，它時病癒，必曰我以金試之，便待我以必死邪，乃不敢受」[28]。高宗得知此事，「以思退為非檜之黨」。二十五年十月，檜死。十二月，董德元被論為「檜之門人」、「附會權臣」，「人多切齒」而罷官。

　　趙汝愚，餘干人，是宗室子弟。乾道二年（1166 年）廷試為進士第一。當時右相洪适對孝宗說：近年來宗室子弟甚好學，科舉多高中，汝愚魁天下，可謂瞻前無鄰，然「本朝故事，科舉先寒畯，有官人退居第二。」孝宗遂曰：「姑循故事」。於是，

27　此據《宋史》，卷二一三，《宰輔表‧四》、《宋宰輔編年錄》，卷一六。《宋史》，卷三一《高宗紀》、《系年要錄》，卷一六九，均作「吏部侍郎」。

28　徐自明：《宋宰輔編年錄》，卷十六。四庫本。

汝愚退居第二名，以蕭國梁為狀元。

池夢鯉（約 1228-1279 年），字德華，今贛州市七里鎮人。同治《贛州府志》卷四六《選舉志・進士表》在「特奏名」欄目中，有「咸淳十年狀元池夢鯉」，而人物各卷均沒有他的事蹟介紹。新編《贛縣誌》也只有這一句。查《宋史選舉志補正》「宋代科舉一覽表」中，咸淳十年（1274 年）這一科的「特奏名」註明「缺」。光緒《江西通志・選舉表》在咸淳十年進士中有池夢鯉之名，但沒有說是「狀元」。新編《贛州市志》寫有池夢鯉小傳，但沒有說明史實依據。該小傳稱：他初為太學生，中恩科狀元時年已四十餘，後歷任浙西、江東制置使，知平江府。張世傑曾為其寫像贊。兩年後，元兵進入臨安，南宋亡，夢鯉隱居山林。[29]

第二節 ▶ 朝廷上層的江西人物

官僚群中位居丞相的江西人有九位，即陳康伯、洪适、周必大、趙汝愚、京鏜、馬廷鸞、江萬里、文天祥、章鑑。副相十二位，即徐俯、張燾、洪遵、汪澈、施師點、蕭燧、王剛中、羅點、劉德秀、包恢、陳宗禮、曾淵子。[30]他們在權力中樞贊裏輔

---

29 贛州市志編委會：《贛州市志》，第三十篇第一章《人物傳記》，第1097頁。中國文史出版社一九九九年版。

30 《宋詩記事》，卷四四載「楊願，字謹仲，清江人，紹興二年進士，歷簽書樞密院事兼參知政事，罷提舉太平觀。」今查，此記有誤，是

佐皇帝，參與決策軍政大計，對左右南宋政局走向，發揮了相當的作用。宰執之外，還有一位孝宗夏皇后，由於她在皇帝生活中的特殊身分，不可避免地會影響皇帝的取捨趨向，在朝廷大政中留下印記，故在此一併介紹。

身居高位的江西官僚（包括學者宗師），絕大多數出身平民階層，由科舉走上仕途，隨家族性、社會性的政治背景，他們在政壇上的表演，皆由個人的才學，未夾雜社團性質的利害糾纏。這種文化現象的前因後果，值得深入研究。

雍正《江西通志》記錄人物有所選擇，四庫館臣認為該志「如宋之京鏜、章鑑，一以其身為宰輔，依附權奸，一以其位列鈞衡，棄主私遁，俱削去不載，亦頗有合於大義」。史志編撰中的這條「義例」，貫徹著忠孝道義精神，將為人的節操至於突出位置，對我們有借鑑意義。地方誌為揚善而隱惡，「削去不載」的做法，則不宜照搬。史書的資治功能，要求揚善懲惡。政治衰敗、民眾苦難的一個社會根源，正是由於掌權者中存在貪腐無恥

把同名的兩個人混在一塊。《建炎以來系年要錄》卷二載，建炎元年二月「甲申金人取太學錄黃豐、楊願赴軍前，二人託疾得免。願，山陽人也」。山陽，今陝西東南部的山陽縣。據《宋史》卷三七一《楊願傳》，他字「原仲」，不是「謹仲」。紹興二年登進士第，十二年十月使金賀正旦，十四年十二月以御史中丞簽書樞密院事兼權參知政事，十五年十月丙子罷，紹興二二年卒，年五十二。雍正《江西通志》卷五〇進士表，紹興二年無「楊願」，而在二二年有，作「新喻人，博士」；又，卷七三記楊願的經歷，完全不同於《宋史·楊願傳》，作「楊願，字謹仲，銳志於學，鄉之後進多出其門，年四十方登第，官車轄院，上章乞歸，人稱壽岡先生，為文典雅，不尚艱深，所著有《壽岡集》八卷。」

之徒，其地位高峻，危害愈大。揭示醜惡，有懲戒作用。若是「削去」，勢必改裝歷史，造成糊塗，也不利於啟發思考，尋求事相背後的答案。

在朝廷和州縣任職的中下級官員人數很多，他們中不少人富有才學，品行端正，有的在戰爭對峙時期出使金朝，堅貞不屈；有的忠憤激烈，直言時政與官吏之弊，乃至批評皇帝的純屬個人的生活，不屈不撓；有的關注民瘼，興利除弊，事唯其宜，不怕丟官。他們大致都能潔身自好，不謀不義之財，也不阿附權貴。還有不少人既是著名學者，又是有才幹的地方官。通過這些官員的簡單事蹟，可以看出在南宋的各個時期，不論是政治、軍事、財經、對金交涉、地方治安等領域，都有江西人在勤政施治。他們大量的政績在外地，體現了儒學經世致用，心憂天下的精神追求。他們的事蹟本書擇要分散介紹。

一 九位宰相的活動與際遇

宋朝官制規定，凡官至參知政事，即是副宰相，是執政之官；同中書門下平章事為宰相。官至簽書樞密院事、知樞密院事，則與參知政事同，而樞密使位同平章事，且多由宰相兼任。這些大臣統稱宰執。陳康伯等九宰相，輔佐了南宋各位皇帝，參與決策，都能主持正義，起到了一定的積極作用。洪适為相時間僅三月，無政績可言，然此前多有建樹。文天祥於危亡之時為相，無正常朝政，但他以宰相領兵抗元，壯烈忠貞，彪炳於史冊。

陳康伯（1097-1165 年），字長卿，信州弋陽人。紹興、隆

興間宰相。父亨仲，提舉江東常平。康伯幼有學行，宣和三年（1121年），中上舍丙科，累遷太學正。建炎末（1130年），為敕令刪定官。

紹興八年（1138年），除樞密院大計議官。累遷戶部司勳郎中。康伯與秦檜是太學同窗，檜專權，康伯在郎省五年，泊然無求，不苟合。十三年（1143年），始遷軍器監。在一次接待金朝使臣中，辯論禮節儀式，被彈劾「生事」，出知泉州。平定海盜，州以無事。任滿後，連續三次食祠祿，垂十年。

紹興二十五年（1155年），秦檜死，康伯復起為吏部侍郎，尋兼禮、戶部，又兼刑部。「前此有司希檜意興大獄，康伯平讞直冤，士大夫存歿多賴之」[31]。除吏部尚書。二十七年（1157年）九月拜參知政事。二十九年（1159年）九月，以通奉大夫守尚書右僕射、同中書門下平章事，兼史院。高宗認為康伯「靜重明敏，一語不妄發，真宰相也」，要他與湯思退共同輔政，遇事勿憚商論，唯其當而已。康伯當即表態：「大臣事當盡公，若依阿植黨，此鄙夫患失者，臣非惟不敢，亦素不能」。這是對秦檜專權弊政的否定。

三十一年（1161年）三月，拜光祿大夫、尚書左僕射。金使來，求淮、漢地；葉義問、賀允中使還，言金必敗盟。為此，康伯奏請早做準備。

九月，金兵攻廬州（今安徽合肥），朝臣中有人遣散家屬，

31　《宋史》，卷三八四，《陳康伯傳》。

而康伯獨把眷屬迎入，並且下令臨安諸城門關閉的時間晚於常時，人恃以安。金兵逼近長江，有人勸高宗退往福建。高宗自寫詔書：「如敵未退，散百官。」康伯焚手詔說：「百官散，主勢孤矣。」高宗才沒有動。不久，虞允文在採石打敗金兵，金主完顏亮被臣下殺死，金兵退走。

三十二年（1162 年）六月，高宗退位，孝宗即位。十二月，康伯兼樞密使。隆興元年（1163 年）十二月，以年老且病，請退，遂以太保、觀文殿大學士、福國公判信州。

二年（1164 年）八月，判紹興府，且令赴闕奏事，復辭歸家。時北兵再犯淮甸，人情驚駭，皆望康伯復相，遂拜尚書左僕射、同中書平章事兼樞密使，進封魯國公。親友謂康伯實病，宜辭，康伯曰：「不然。吾大臣也，今國家危，當輿疾就道，幸上哀而歸之爾」。他兼程趕路至臨安。孝宗讓他間日一次上朝，非大事不署。金兵退，康伯以目疾免朝謁，臥家養疾，旬餘一奏事。乾道元年（1165 年）正月，喘劇而卒，年六十九，諡文恭。慶元初，改諡文正。

洪适（1117-1184 年），字景伯，洪皓長子。紹興十二年（1142 年），與弟遵同中博學宏詞科，除敕令所刪定官。三年後，弟邁亦中博學宏詞，由是三兄弟文名滿天下。洪皓歸，忤秦檜，謫英州，洪适也被論罷。他往來嶺南省侍父親九載。檜死皓還，洪适起知荊門軍，改知徽州，尋提舉江東路常平茶鹽，首言役法不均之弊。

紹興末年升尚書戶部郎中，總領淮東軍馬錢糧。孝宗即位，符離用兵，饋餉繁多，洪适究心調度，供億無闕。遷司農少卿。

乾道元年（1165年）六月，除端明殿學士、簽書樞密院事。八月，拜參知政事。建議縮小淮南使用鐵錢地域，孝宗同意，改為只行之廬、和兩州。十二月，拜尚書右僕射、同中書門下平章事兼樞密使。二年（1166年），以春天霪雨，洪适引咎乞退。三月，除觀文殿學士、提舉江州太平興國宮。尋起知紹興府、浙東安撫使。再奉祠。淳熙十一年（1184年）卒，年六十八，謚文惠。

洪适以文學名望，居相位僅三月餘，無大建明以盡其學。家居十有六年，在鄱陽建盤洲別墅，以著述吟詠自樂。有《盤洲文集》八十卷行世。

周必大（1126-1204年），字子充，一字洪道，廬陵縣（今吉安）永和鎮人。其先鄭州管城人。祖詵，宣和中（1122年前後）通判吉州，遇亂不能北歸，因家廬陵，遂為廬陵人。紹興二十年（1150年）中進士。二十七年，中博學宏詞科。

孝宗即位，除起居郎，兼權中書舍人、權給事中，繳駁不辟權幸。內侍曾覿、龍大淵得寵，並遷知閤門事，必大與金安節不書黃，且奏曰：「陛下於政府侍從，欲罷則罷，欲貶則貶，獨於二人委曲遷就，恐人言紛紛未止也」。孝宗說此等事在高宗時只是小事，你們是受人鼓煽。必大反駁：若真這樣，「則是臣不以事太上者事陛下」。孝宗又說，我這是「欲破朋黨、明紀綱耳」。必大以食祠祿去。借「朋黨」話語制約直諫，依然是皇帝獨裁的手段。

幾年後，周必大為兵部侍郎，權禮部侍郎、同修國史。

淳熙五年（1178年）十二月，任禮郡尚書兼翰林學士。一年後除吏部尚書。淳熙七年（1180年）五月，除參知政事，孝

宗曰：「執政於宰相，固當和而不同。前此宰相議事，執政更無語，何也？」必大答：「大臣自應互相可否。自秦檜當國，執政不敢措一辭，後遂以為當然。陛下虛心無我，大臣乃欲自是乎？惟小事不敢有隱，則大事何由蔽欺。」淳熙十一年（1184 年）正月拜樞密使，創諸軍點試法，不時點召一二，檢閱其能否。

淳熙十四年（1187 年）二月，拜右丞相。十五年（1188）十二月，拜左丞相、許國公。孝宗告以內禪之意。十六年（1189）二月，光宗繼位，問當世急務，必大奏用人、求言二事。三月，拜少保、益國公。必大求去，先後出判潭州、隆興府。慶元元年（1195 年），必大七十歲，以少傅致仕，歸廬陵刊印書籍。

自慶元以後，韓侂冑興黨禁，指周必大、趙汝愚、留正為罪首。先是，布衣呂祖泰上書請誅韓侂冑，以周必大代之。嘉泰元年（1201 年），御史施康年以此彈劾必大私植黨與，詔降為少保。嘉泰二年，復少傅。四年（1204 年）十月，病卒，年七十九。諡文忠。制詞中有曰：「周某智周萬殊，學鏡千古。……既練習於國章，尤精通於世務。」[32]這個評價只看重仕履，然已刻畫出他的基本面貌。

必大自號平園老叟，著書八十一種，有《文忠集》二百卷行業。平生敬慕歐陽脩、楊邦乂、胡銓，建三忠堂以資紀念。

趙汝愚（1140-1196 年），字子直，餘干人。汝愚為宋太宗

32　周必大：《周文忠公文集》，卷首《年譜》。

長子元佐的七世孫，原籍浙江嘉興崇德縣，祖父趙不求監饒州餘干縣酒稅，始居餘干縣城東隅。其父趙應善移居藏山（今餘干縣城趙家嶺）。汝愚早有大志，嘗說能青史留名，才不枉此一生。乾道二年（1166 年）考取進士第一，因為是宗室子，按有官人處理，改為第二名。內侍陳源有寵於太上皇（高宗），添差浙西副總管。汝愚言：「祖宗以童貫典兵，卒開邊釁，源不宜使居總戎之任。」孝宗詔自今內侍不得兼兵職，但是陳源的官位不動，他怕影響太上皇情緒。

不久，趙汝愚受命制置四川兼知成都府。他在成都瞭解到羌蠻相挺為患，遂以計分散其勢。孝宗評其有文武威風。光宗受禪，進敷文閣學士，知福州。紹熙二年（1191 年），召汝愚為吏部尚書，他精心調解光宗與孝宗之間的關係。

四年（1193 年），汝愚知貢舉，遷知樞密院事。光宗患病而疑畏，五年（1194 年）六月孝宗崩，大喪無主，中外洶洶，宰相留正，稱病離開臨安以避禍。趙汝愚奮不顧身，定大計於頃刻，主持實現光宗退位，皇子嘉王即位，是為寧宗，由太皇太后垂簾聽政。汝愚為光祿大夫、右丞相。

韓侂胄以立新君之功受到趙汝愚壓抑，日夜謀劃安插黨羽為台諫，以擯斥趙汝愚。趙汝愚為人寬疏，不虞其奸。韓侂胄控制了言路，「疾正士如仇讎」，發動黨禁。他們奏劾「汝愚以同姓居相位，將不利於社稷」，慶元元年（1195 年）二月，遂罷右相，提舉洞霄宮。韓侂胄又謂不重貶趙汝愚，則人言不已。監察御史胡紘隨即疏劾汝愚「謀為不軌」，遂被責貶永州安置。他怡然上路，對諸子曰：「觀侂胄之意，必欲殺我，我死，汝曹尚可

免也」。慶元二年（1196 年）正月至衡州，病作，又為知州錢鍪所窘，暴死。

趙汝愚深研道學，得到朱熹等道學家的讚譽。學務有用，嘗以司馬光、富弼、韓琦、范仲淹自期。所著詩文十五卷。編纂《太祖實錄舉要》若干卷、《宋朝諸臣奏議》三百卷。其家「聚族而居，門內三千指」，他所得俸祿全都分與大家，「菜羹蔬食，恩意均給，人無間言」。

趙汝愚既歿，黨禁漸解。開禧北伐兵敗，韓侂冑被誅，盡復趙汝愚原官，賜謚忠定。

京鏜（1138-1200 年），字仲遠，南昌京家山人。紹興二十七年（1157 年）進士。孝宗即位後銳志恢復，進言者多迎合其意，以為大功可立致。京鏜獨言：今日民貧兵驕，士氣頹靡，「天下事未有驟如意者，宜舒徐以圖之」。孝宗善其言，擢為監察御史，累遷右司郎官。

金人遣使來弔喪，鏜為報謝使入金朝。金人賜宴，鏜請免宴，金人不從。鏜謂必不免宴，則請徹樂，否則「於聖經為悖理，於臣節為悖義」。相持甚久，京鏜不入席。金人強迫之，京鏜弗為動：「吾頭可取，樂不可聞」。金主嘆曰：「南朝直臣也。」特命免樂。孝宗聽說後謂輔臣曰：「士大夫平居孰不以節義自許，有能臨危不變如鏜者乎？」京鏜還朝，命為權工部侍郎。

四川闕帥，以京鏜為安撫制置使兼知成都府。他在四川罷徵斂，弛利以予民。瀘州兵卒殺太守，鏜擒而斬之，全蜀震動。召為刑部尚書。

寧宗即位，京鏜升簽書樞密院事、參知政事、知樞密院事。

慶元二年（1196 年）正月，除右丞相，至慶元六年（1200 年）閏二月，遷為左丞相，封冀國公。八月，病卒，初諡文忠，改諡莊定。

京鎧為相期間，韓侂冑已握實權，京鎧「於國事漫無所可否，但奉行韓侂冑風旨而已」[33]。寧宗要命宦者王德謙為節度使，京鎧反對，寧宗說就只德謙一人。京鎧曰：「此門不可啟。節鉞不已，必及三孤；三孤不已，必及三公。願陛下以真宗不予劉承規為法，以大觀、宣（和）、政（和）間童貫等冒節鉞為戒。」此事遂罷。有人說，京鎧此舉亦是秉承韓侂冑的意思。

馬廷鸞（1223-1289 年），字翔仲，號碧梧，饒州樂平（今眾埠鄉樓前村）人。淳祐七年（1247 年）會試第一，殿試第四名進士。初調池州教授，「需次六年」——等待六年才能有這個教授空缺。

寶祐元年（1253 年），至池州，以正規禮節表帥諸生。二年，調主管戶部架閣。三年，遷太學錄，召試館職。馬廷鸞於「策論」中針對外戚謝堂、厲文翁，內侍盧允升、董宋臣相互糾結用事的時弊，直率地提出強君德，重相權，收直臣，防近習。此論大逆權幸，故而只遷秘書省正字。四年，任為史館校勘。

先是，丁大全任浮梁縣令時期，雅慕馬廷鸞，當權後更欲籠絡之，而廷鸞不願阿附。一次馬廷鸞輪對奏事，被丁大全黨羽阻在殿外，不得進見。翼日，監察御史朱熠彈劾馬廷鸞，遂被罷官。

33 《宋史》，卷三九四，《京鎧傳》。

開慶元年（1259 年），吳潛入相，廷鸞召為校書郎，與秘書省共同草疏彈董宋臣。吳潛給寫信阻止：諸公言事皆疑受吾所嗾，聞館中又將論列，你不要參與，以免加重吾過。馬廷鸞回答：「公論也，不敢避私嫌。」幾天後，董宋臣竟坐謫，徙安吉州。

景定三年（1262 年），廷鸞建議貢舉應嚴鄉里之舉，重台省之覆試，訪山林之遺逸。又言荒政，宜蠲除被災州縣租賦之不可得者。升權直學士院。五年（1264 年），遷禮部侍郎。

咸淳元年（1265 年）閏五月，馬廷鸞進端明殿學士、簽書樞密院事。三年（1267 年）十一月，進同知樞密院事、兼同提舉編修《經武要略》。四年四月，兼權參知政事。五年（1269 年）一月，除參知政事。三月，除右丞相兼樞密使。至八年（1272年）十一月，經過連續九次請求，罷右相。九年十二月，除浙東安撫使、知紹興府，上疏辭免，他對度宗說：「國事方殷，疆圉孔棘。天下安危，人主不知；國家利害，群臣不知；軍前勝負，列閫不知。」[34]這是對南宋危亡局勢的高度概括，也可能是他堅持退出政壇的原因。

恭宗即位（1275 年），召馬廷鸞，不至。自罷相歸，又十七年卒。存世著作有《碧梧玩芳集》二十四卷行世。

江萬里（1198-1274 年），字子遠，號古心，又稱「廬山公」，都昌人。父江燁，號韋齋，經明行修，居家教授，訓子尤

---

34 《宋史》，卷四一四，《馬廷鸞傳》。

嚴。曾授全州（今廣西全州縣）教授，累官至提舉江西茶鹽公事。萬里少年時從祖父、父親學習詩書，後受業於白鹿洞書院，寶慶二年（1226年）進士及第。嘉熙四年（1240年）知吉州、兼提舉江西常平茶鹽。淳祐二年（1242年）遷直秘閣、江西轉運判官兼權知隆興府。淳祐五年（1245年），除侍御史，劉克莊草擬的制文說萬里能「極力破權門之死黨，奮身主善類之齊盟。精白一心，剴切百奏」[35]。當時有中書舍人徐元傑暴亡之事，江萬里等人上疏，建議朝廷調查，為徐元傑申冤。

淳祐七年（1247年）二月，江萬里母死，中讒言而罷官，被閒廢八年[36]。寶祐三年（1255年），起用為福建轉運使、資政殿學士；四月，出知福州兼福建安撫使。

寶祐六年（1258年）以江萬里為兩淮宣撫參謀官。景定二年（1261年）八月，自吏部尚書、端明殿學士同簽書樞密院事。

度宗即位（1265年），江萬里進同知樞密院事，閏五月，遷參知政事。萬里性峭直，臨事不能無言，而賈似道惡其輕發。賈似道以不任宰相要挾度宗，度宗涕泣拜留。江萬里掖起度宗，云：「自古無此君臣禮，陛下不可拜，似道不可復言去。」賈似道不知所措，下殿舉笏謝萬里曰：「微公，似道幾為千古罪

35　劉克莊：《後村集》，卷六〇，《江萬里除侍御史制》。
36　《宋史·江萬里傳》說「閒廢者十有二年」，不確。他不是在開慶元年（1259年）起用為兩淮宣撫參謀，而是在寶祐三年（1255年）已起用，《理宗紀》載：「（寶祐三年）四月乙酉，以江萬里知福州、福建安撫使」；劉辰翁《祭師江丞相古心先生文》也說：「遭離酷罰，公撰銘志，八年出處，於志有之」（《劉辰翁集》第230頁）。

人」。[37]然而，他以此益忌恨萬里。一次奏薦官員時，萬里說：「今世所少惟節義」。賈似道聽後既慚又怒，謀逐去萬里。

咸淳五年（1269年）正月，召拜參知政事。三月，進拜左丞相兼樞密使。國學生胡洪範上書，詆賈似道專權誤國，似道欲置之死。諸生伏闕申救，江萬里亦抗疏力稱其無罪，胡遂得釋歸。[38]時蒙古軍圍攻襄樊，前線危急，江萬里請增兵救援，賈似道不答。咸淳九年（1173年）四月，任湖南安撫大使、知潭州，勉勵湖南提刑文天祥承擔「世道之責」。咸淳十年（1274年）正月，以病請辭，回歸饒州。

德祐元年（1275年）正月，宋將呂師夔以江州、範文虎以安慶降元，三月，元兵破饒州，知州唐震死。江萬里在此之前，於鄱陽城郊芝山後圃鑿池，建亭曰「止水」，眾人不知其用意。及聞城破，他執門人陳偉器手曰：「大勢不可支，余雖不在位，當與國為存亡」。元兵俘其弟萬頃，索金銀不得，被肢解。萬里赴「止水」死，其左右及子江鎬，相繼投池中，積屍如疊。四月，宋恭帝贈江萬里太師、益國公，謚文忠。

文天祥（事蹟見前）

章鑑（？-？），字公秉，分寧（今修水）人。以別院省試及第，累官中書舍人，進簽書樞密院事，兼權參知政事，遷同知樞密院事。咸淳十年（1274年）拜右丞相，並兼樞密使。德祐元

37　《宋史》，卷四一八，《汀萬里傳》。

38　胡洪範，環州（今甘肅環縣）人，寄居吉水西城。《宋史》，卷四一八，《章鑑傳》。

年（1275），元兵逼臨安，章鑑託故逃離臨安。不久，被召還，罷相，旋放歸田裡。章鑑自處清約，為人寬厚，在朝與人多許可。[39]晚年屏居山中，有《杭山集》。

二 十二位執政的活動與際遇

官至執政的十二位大臣中，多數活動在南宋前期，在對金和戰大事上，反對屈辱求和，主張積極備戰，但遭到高宗、秦檜的壓制排擠，沒有充分施展才智的機會。在邊防、地方的軍政要務中，多有規正和革新措施，取得了明顯的治績。

徐俯（？-1140年），字師川，號東湖居士，分寧（今修水）人。神宗元豐年間，其父徐禧在陝西米脂構築永樂城，與西夏大軍力戰而死，徐俯遂得授通直郎，累官至司門郎。

靖康中，金人欲立張邦昌，欽宗召百官計議對策，眾人多附和，而徐俯拒絕，怒而致仕。他買婢，取名「昌奴」，來客時直呼驅使，以諷張邦昌。

建炎初，復任右諫議大夫。紹興二年（1132年），賜進士出身，兼侍讀。三年，遷翰林學士，擢端明殿學士、簽書樞密院事。四年，兼權參知政事。因爭議攻取襄陽誰任統帥，與宰相朱勝非、參政趙鼎意見不合，乃求去，九年（1139年），知信州。中丞王次翁論其不理郡事，遂罷為祠祿官。明年（1140年），卒。

俯生性耿直，有俊才，喜覽群書，長於詩祠，受舅父黃庭堅

39　同治《吉安府志》，卷三七，《人物‧寓賢》。

器重，而自為一家，得同時諸人推重，為江西詩派中人。其詩力求平易自然，以氣節自任，有詩云「直道庶幾師柳下，不應四海獨詩名」。劉克莊認為，「諸人所以推下之者，蓋不獨以其詩也」[40]。有《東湖詩集》六卷。

張燾（1091-1165 年），字子公，饒州德興人，秘閣修撰張根之子。政和八年（1118 年）進士第三人。建炎初，通判湖州，應詔上書，批評高宗「踐祚以來號令之發未足以感人心，政事之施未足以慰人望」，措罷江防非計，徒費民財、損官賦，不適於用。紹興二年（1132 年）為起居舍人，建議厚賞募人往金朝偵探敵情。八年（1138 年）任兵部侍郎，權吏部尚書。堅持抗金，反對乞和，批評高宗置國家大恥、宗社深仇於不顧，對金屈膝稱臣的做法。

紹興九年（1139 年）十月，張燾離開朝廷，以寶文閣學士知成都府兼本路安撫使。他在蜀戢貪吏，薄租賦；撫雅州蕃部，使西邊不驚；歲旱則發粟賑濟，民得不飢；暇則修學校，與諸生講論。成都帥掌理民政，自張燾開始。[41]四年後張燾自蜀歸家，廢罷十三年。二十五年（1155 年）冬秦檜死，才復起知建康府兼行宮留守。金陵多年積欠內庫錢帛巨萬，張燾悉為奏免。二十九年（1159 年），除吏部尚書。以甲庫「侵國用」，張燾奏請罷

40　劉克莊：《後村集》，卷二四，《江西詩派小序》。
41　《宋史》，卷一七四，《食貨二》。

去。[42]

三十年（1160年），張燾以資政殿學士致仕。三十一年（1161年）八月，復知建康府，奏言恢復事宜十條，大致說：需預備不虞，持重養威，觀釁而動，期於必勝。

孝宗受禪，張燾除同知樞密院。孝宗問為治之要，他說「內治乃可外攘。」[43]隆興元年（1163年），遷參知政事，以老病不拜，台諫交章挽留，除資政殿大學士、提舉萬壽觀兼侍讀。後二年卒，年七十五，謚忠定。

汪澈（1102-1164？年），字明遠，本籍新安，後徙居饒州浮梁。紹興五年（1135年）進士，教授衡州、沅州。紹興二十六年（1156年）八月，薦為秘書正字、校書郎。他建議令帥臣、監司、侍從、台諫各舉將帥，得到高宗採納。紹興二十九年（1159年）三月，除監察御史，進殿中侍御史。紹興和議以後，邊防浸弛，汪澈上言：需養民養兵、自治預備。

三十一年（1161年）正月，汪澈指出：荊、襄無統督，江海乏備御，需辦的邊防要務有十二事。金使高景山來求釁端，汪澈對高宗說：「陛下屈己和戎，厚遺金繒，彼輒出惡言，以撼吾國。願陛下赫然睿斷，益兵嚴備，布告中外，將見上下一心，其

42　熊克：《中興小記》，卷三八，「先是，御前置甲庫，凡乘輿所需圖畫什物，有司不能供者，悉於甲庫取之……禁中既有內酒庫，而甲庫所釀尤勝，以其餘酤賣，頗侵產部贍軍諸軍諸庫課額，以此軍儲常不給。於是，吏部尚書張壽言……」

43　《宋史》，卷三八三，《張燾傳》。

氣百倍矣」。[44]五月，除御史中丞，旋改為湖北、京西宣諭使，得知朝廷欲棄襄陽，集中兵力守荊南，即上奏諫阻。不久，入為參知政事，與宰相陳康伯同贊內禪。

孝宗即位，銳意恢復，首用張浚使江、淮，汪澈同知樞密院事，參與督軍荊、襄，將分道進討。鑒於襄、漢沃壤，而荊棘彌望，他請因古長渠築堰，募流民、汰冗卒雜耕，官給谷種與牛，組建屯墾三十八處。

隆興元年（1163年），因對軍事部署意見不合，遭彈劾，被罷黜，食祠祿。明年（1164年），知建康府，尋除樞密使。孝宗密訪人才，汪澈推薦了一一八人。尋知鄂州兼安撫使。時議廢江州駐軍，汪澈認為不可。改知福州兼福建安撫使，復請祠。尋致仕。汪澈自奉清約，雖貴猶布衣時。卒，年六十三，謚莊敏。

洪遵（1120-1174年），字景嚴，洪皓次子，以父蔭補承務郎。紹興十二年（1142年）與兄適同中博學宏詞科，賜進士出身。擢為秘書省正字。

洪皓南還，遭秦檜貶謫，遵遂乞外，通判常、婺、越三州。紹興二十八年（1158年）為起居舍人，奏論鑄錢利害。

二十九年（1159年），為中書舍人，極言勳臣子孫躐居台省之弊，又奏言恢復鄱陽永平、永豐兩監鑄錢，克服鑄錢政策多變的現狀。三十年（1160年）正月，試吏部侍郎。當時官員改秩，經辦官吏乘機納賄，稍不滿意，必巧生沮閣，直到滿足其貪慾乃

44　《宋史》，卷三八四，《汪澈傳》。

止。洪遵奏請禁止此弊。

三十一年（1161年），金主完顏亮派兵由海道進犯二浙，宋以浙西副總管李寶率兵抗禦，命洪遵知平江府，負責後援供應。李寶以舟師搗膠西，凡資糧、器械、舟楫皆洪遵供億。先是，南宋擔心商船被金兵擄去，悉拘入官，既而不返還；又，沿海諸縣團聚巨艦及募水手、民兵，皆被官府繫留。洪遵奏請以船還商，而聽水手自便。民眾因此感激洪遵。

孝宗即位，洪遵拜翰林學士承旨兼侍讀。隆興元年（1163年）知貢舉，拜同知樞密院事。七月，以端明殿學士提舉太平興國宮。直到乾道六年（1170年），起知信州，徙知太平州。太平州原有圩田都已潰壞，農民失業，洪遵徵集農民築圩凡萬數。時值寒冬，他送酒飯上工地慰問。又遇大旱，旁縣有的賑贍不善，措施失宜，「有闔戶莩藉而廩不至者」。洪遵輕車簡從，「隨遠近壯老以差賦給，蠲租至十九，又告糴於江西，得活者不啻萬計」[45]。徙知建康府、江東安撫使兼行宮留守。

時虞允文當國，有北征計劃。先調侍衛馬軍出屯，準備築營砦一萬灶，特命洪遵負責選址。他先揭榜安民：「民苗米唯輸正不輸耗，聽民自持斛概，庾人不能輕重其手」。然後遍行郊野，勘查地方，選擇「不妨民居、不夷冢墓」的地方築營砦。拜資政殿學士。淳熙元年（1174年）十一月，卒，年五十五。謚文安。修《東陽志》十卷，編《翰苑群書》十二卷，著《泉志》十五卷。

45　《宋史》，卷三七三，《洪皓傳附洪遵》。

施師點（1124-1192 年），字聖與，上饒人。紹興十五年（1145 年）中進士。

淳熙元年（1174 年），除端明殿學士、簽書樞密院事。入奏，復詔任參知政事兼同知樞密院事。先是，州郡上供或不按時，故制定「歲終稽考法」。這時，主計者奏請不待歲終先期催促稽考，施師點反對，即追寢其議。

淳熙十四年（1187 年），除知樞密院事。十五年（1188 年）春，知泉州，不久提舉臨安府洞霄宮。他對兒子曰：「吾平生仕宦，皆任其升沉，初未嘗容心其間，不枉道附麗，獨人主知之，遂至顯用。夫人窮達有命，不在巧圖，惟忠孝乃吾事也。」紹熙三年（1192 年），病卒，年六十九。有奏議七卷、制稿八卷、《東宮講義》五卷、《易說》四卷、《史識》五卷、文集八卷。

蕭燧（1117-1193 年），字照鄰，臨江軍新喻縣人。紹興十八年（1148 年）進士。秦檜親黨密告說：你秋試必為主考，燧詰其故，曰：「丞相有子就舉，欲以屬公。」燧怒曰：「初仕敢欺心耶！」秦檜因此懷恨。蕭燧為了躲避秦檜，去廣西靜江府任察推。紹興三十二年（1162 年）授靖州教授。

孝宗初，蕭燧任諸王宮大小學教授。他對孝宗說：「官當擇人，不當為人擇官。」淳熙二年（1175 年），累遷國子司業兼權起居舍人，進起居郎。奏論需先辨邪正然後可言治，勸孝宗正紀綱，容直言，親君子，遠小人；近習有勞可賞以祿，不可假以權。[46]

46　《宋史》，卷三八五，《蕭燧傳》。

淳熙五年（1178 年），同知貢舉。有旨下江東西、湖南北帥司招軍，蕭燧提醒說：「所募多市井年少，利犒齎；往往捕農民以應數，取細民以充軍。乞嚴戒諸郡，庶得丁壯以為用」。

出知嚴州，嚴州地狹財匱，官庫錢不滿三千，蕭燧節儉省費，二年間積至十五萬，以其羨餘補抵積逋，諸縣皆致寬裕。淳熙七年（1180 年），是方臘起義六十週年，嚴州民憂懼，而遂安知縣剋扣士兵廩給，引發怨言。蕭燧緊急撤換遂安知縣，加強警戒，消弭了動亂。

淳熙十年（1183 年），兼權吏部尚書，兼侍講，升侍讀。蕭燧直言時政闕失，如廣西諸郡身丁錢之弊；命令多次改易之弊；既卻羨餘之數，反以「出剩」為名收取之弊等。升任參知政事，權監修國史、日曆。十六年（1189 年），權知樞密院。以年老請辭，得提舉臨安府洞霄宮。紹熙四年（1193 年）卒，年七十七。諡正肅。

王剛中（1101-1163？年），字時亨，饒州樂平人。剛中博覽強記，中紹興十五年（1145 年）進士第二。秦檜怒其不拜見，只授洪州教授。檜死，為中書舍人。

剛中建言：禦敵為今日先務，「必先自治，擇將帥，搜戰士，實邊儲，備器械，國勢富強，將良士勇，請盟則為漢文帝，犯邊則為唐太宗。」高宗心裡明白，朝野上下根本不把他和漢文帝、唐太宗相比，故而「韙其言」[47]。正好西蜀謀帥，便讓王剛

47　《宋史》，卷三八六，《王剛中傳》。

中知成都府、制置四川。

王剛中在四川嚴於律己，執行制度，又待人以禮，駕馭官吏恩威並行，「從容裁決，皆中機會」。金騎兵度大散關，將入四川，王剛中單騎馳二百里，責問大帥吳璘：「大將與國義同休戚，臨敵安得高枕而臥？」璘大驚；又以蠟書調來軍隊支援。金兵敗走，他疾速返回成都。起草捷報時他說：「將帥之功，吾何有焉。」幕僚李燾讚歎曰：「身督戰而功成不居，過人遠矣。」

邊境安靜之後，王剛中開始精簡將士：眾所推者上奏，備統帥之選；薦舉名士與幕府之賢者，備部使者、州刺史之用。對衰弱者分別安置，給予糧米。他認為，「衰弱者冒刃於少壯之年，不可斥棄於既老之後」。

軍務之餘，王剛中關注民生，重視文教。成都有萬歲池，廣袤十里，溉三鄉田，歲久淤淀，他調集三鄉農民合力疏濬。階、成、岷、鳳四州壯丁，從建炎間起就被刺為兵，幾十年未改，造成許多禍害。王剛中奏罷這項兵役。民眾歡呼，聲震山谷。

孝宗受禪，召王剛中赴闕，他以足疾請祠。

金兵進犯兩淮，孝宗趣召剛中入見，除禮部尚書、直學士院兼給事中，旋為簽書樞密院事，進同知院事。上奏戰守之策，建議開屯田、省浮費、選將帥、汰冗兵。不久，以疾卒，年六十三，諡恭簡。

羅點（1151-1195 年），字春伯，撫州崇仁人。登淳熙三年（1176 年）進士第，累遷校書郎兼國史院編修官。歲旱，羅點應詔上言：「今時奸諛日甚，議論凡陋。無所可否，則曰得體；與世浮沈，則曰有量；眾皆默，己獨言，則曰沽名；眾皆濁，己獨

清，則曰立異。此風不革，陛下雖欲大有為於天下，未見其可也。」他問：「獨不知陛下之求言，果欲用之否乎？」[48]真是忠誠、急切之至。

光宗繼位，羅點特為剖析君子、小人的差別。或謂天下事非才不辦，但羅點強調說：「當先論其心，心苟不正，才雖過人，果何取哉！」

紹熙三年（1192年）十二月，試兵部尚書。

寧宗嗣位，羅點為端明殿學士、簽書樞密院事。扈從明堂大典，得疾卒，年四十五。諡文恭。

劉德秀（？-1208年），字仲洪，豐城人，隆興元年（1163年）進士。韓侂冑專權時期，德秀受重用，於紹熙五年（1194年）八月，為監察御史，多次彈劾所謂「偽學」的官員。開禧元年（1205年）四月，自吏部尚書除端明殿學士、簽書樞密院事，九月罷去。嘉定元年（1208年）二月，卒。《文獻通考》記有劉德秀《默軒詞》一卷。

包恢（1182-1268年），字宏父，建昌軍南城縣人。其父揚、伯父約、叔父遜均從朱熹、陸九淵學。恢博覽群書，宏議雄辯，曾經為諸父的門生講《大學》，其言高明，諸父驚訝。嘉定十三年（1220年）舉進士。建寧知府袁甫推薦包恢為府學教授，監虎翼軍，招募土豪武裝討平唐石盜寇。改沿海制置司干官，部署諸將分十路平定金壇、溧陽寇盜。沿江制置使陳韡闢為機宜，復

48　《宋史》，卷三九三，《羅點傳》。

有平寇功。知台州，有妖僧居山中，號「活佛」，欺騙民眾，「男女爭事之，因為奸利」，包恢率部伍進山，誅妖僧。

進左司郎官，移福建兼知建寧。他精心調查沿海盜寇活動情狀，提出防禦對策，上奏《防寇申省狀》。

起為廣東轉運判官，調查海外船舶裝載中國銅錢出境的蠹弊，寫出《禁銅錢申省狀》。寶祐二年（1254 年）改浙西提點刑獄。是時安吉州長興縣發生寇亂，經常出動數百人，船數十隻，軍器數百件，「出沒太湖，往來鎮市，劫人財物，掠人婦女」。他認為這是近在王畿的腹心之患，必須果斷剿滅。於是在澉浦等地分屯建砦，部署水陸官軍，一舉討平，「無一漏網」，「凡正典刑者一百二十餘人」[49]。嘉興某官吏在和糴中貪賄百萬，包恢奉旨審案，減其死罪，斬斷其手。

景定初（1260 年），進華文閣直學士、知平江府兼發運使。當時賈似道推行買公田政策，「浙西田畝有值千緡者，似道均以四十緡買之，」官員們爭相迎合，以買田多為功，包恢「督買田，至以肉刑從事」。[50]度宗即位，召為刑部尚書，進端明殿學士，簽書樞密院事，封南城縣侯。以資政殿學士致仕。

包恢承其家學傳統，度宗以包恢比為程顥、程頤。其父病重，他精心侍疾，洗滌掃除之事均自己做，不叫童僕。卒，年八十七。謚文肅。有《敝帚稿略》八卷傳世。

49　包恢：《敝帚稿略》，卷一，《奏平荻浦寇札子》。
50　《宋史》，卷四七四，《賈似道傳》。

曾淵子，字廣微，一字留遠，南豐人，淳祐十年（1250 年）進士。累官右正言，監察御史，權戶部尚書，浙西制置使。德祐元年（1275 年）春，拜同知樞密院事、兩浙安撫制置大使兼知臨安府。元兵逼近，淵子遁逃。被削兩官，貶吉州，徙雷州。景炎二年（1277 年）三月，端宗在岡州（廣東新會，在今江門市）。淵子起兵，據雷州，奔碉州，拜參知政事、廣西宣諭使兼知雷州。崖山兵敗，為其下所援救，得不死。藏身蘇劉義舟中，航行安南，得到安南陳聖王禮遇。曾淵子《客安南，見進奉使回，口占一首》云：「安南莫道是天涯，歲歲人從薊北迴。江北江南親故滿，三年不寄一書來。」他在安南的景況，思鄉的情懷，可見一斑。至元甲申（1284）冬，元兵入安南，曾淵子「率眾歸服，後不知所終」[51]。

三　夏皇后與其弟的為人

孝宗夏皇后（？-1167 年），袁州宜春人。曾祖夏令吉，任吉水縣主簿。其後家道衰落，其父夏協，生計困難，以姿色姣好的女兒送往臨安為宮女。夏協歸來，缺乏居室，寄留於袁州寺廟，人稱夏翁。夏協卒，夏氏在宮中日漸貴幸。

夏氏初入宮，為高宗皇后的閤中侍御。紹興十二年（1142

51　黎崱《安南志略》一〇。文天祥《集杜詩》曾淵子四十四：「曾淵子原貶雷州，御舟南巡，復與政事，崖山之敗，曾欲赴水，為蘇（劉義）父子所留，同得脫。其家竟沒敵。後還五羊，有人見其子雷郎者焉，哀哉」。

年），孝宗時為普安郡王，而其郡王夫人郭氏卒，高宗皇后將夏氏轉給普安郡王，封齊安郡夫人。紹興三十二年（1162 年）六月，高宗退位，稱太上皇，孝宗繼位，進夏氏為賢妃。隆興元年（1163 年）奉太上皇之命，立夏氏為皇后。乾道三年（1167 年）卒，諡安恭。寧宗時，改諡成恭。

夏氏晉封皇后之時，親屬十一人推恩得官，其弟夏執中最稱賢明而本分。開始時，夏執中去臨安，與未得官爵時的妻同行，宮人啟發他不要這個妻，另「擇配貴族」，他沒有心動。過後，夏氏皇后親自對他說，執中仍然不願意。推恩得官以後，夏執中才開始從師學文，練習寫大字，頗工正，又善於騎射。為高宗祝壽之時，近戚官貴爭相奉獻珍寶厚禮，執中獨大書「一人有慶，萬壽無疆」做禮品獻上。看膩了珍寶的高宗欣賞這八字賀屏，給了夏執中優渥的賞賜。孝宗發覺執中有才幹，將要召用，他謝絕說：「他日無累陛下，保全足矣」[52]。因此，人們對他愈加稱讚。

52 《宋史》，卷二四三，《后妃下・成恭夏皇后》。

第九章 ———

「江西學」與江西
的著名學者

　　南宋思想學術領域最顯著的現象，莫如道學（理學）的旺盛，眾多學術大師活躍於世，給後世留下了深遠影響。南宋學術思想的發展，是在秦檜死後。紹興前期，稍有不慎，就被秦檜禁錮。浮梁程瑀，曾經著《論語說》，解釋「弋不射宿」，言孔子不欲陰中人；解釋「周公謂魯公」，則曰可為流涕。洪興祖序言轉述其意，秦檜以為譏刺自己，遂驅逐洪興祖。魏安行將其書鋟版京西漕司，亦被削奪官職。而程瑀則被抄家，書版被毀。直到「檜死，瑀子孫乃免錮」[1]。秦檜的高壓禁錮，導致思想界的消沉，同時誘使趨炎附勢者製造相關輿論。

　　道學（理學）得以盛行起來，和高宗、秦檜屈辱苟安國策有關聯。紹興和議前夕，兵部侍郎、兼權直學士院王居正與高宗對話，值得玩味。王居正把自己的《辨學》送上，皆「論王安石父子之言不合於道者」。高宗曰：「安石之學，雜以霸道，欲效商鞅富國強兵。今日之禍，人徒知蔡京、王黼之罪，而不知生於安石。」居正接著說：「安石得罪萬世者不止此」。於是陳述王安石解釋經書中的「無父無君」之文字。高宗遂作色曰：「是豈不害名教邪？孟子所謂邪說，正謂是矣。」

　　王居正遂將高宗這段話寫在《辨學》序言之首[2]，作為批王安石的張本。南宋在金人威逼之下生存，不求「富國強兵」，卻將時過境遷的王安石當話柄，突出批判「無父無君」，強調所謂

1　《宋史》，卷三八一，《程瑀傳》。
2　《宋史》，卷三八一，《王居正傳》。

「君父」意志，明擺著是壓制反對屈辱求和言論，精心為趙構、秦檜的紹興和議添加理論依據。

不過，實際生活與思想都是豐富而複雜的，不是簡單地王學禁絕，理學興旺。王安石的學術成就沒有因一道禁令消失，南宋朝廷上的意見也不是始終不變。紹興六年宣布禁「王學」；七年，胡寅奏請追爵程頤、程顥、邵雍、張載，「不報」——沒有回音。乾道五年（1169年），一個太學教官上奏拿下孔廟中荊公父子像，換上二程，遭到宰相詰難。淳熙三年（1176年）春，吏部侍郎趙粹中論王安石奸邪，乞削去從祀。孝宗說：「安石前後毀譽不同，其文章亦何可掩。」再三議論之後，淳熙四年七月但除臨川伯王雱畫像而已。寧宗嘉定二年（1209年），著作郎仲貫甫請追爵周敦頤、二程、張載，列於從祀，「未克行」。這些簡單的事實說明，王安石學術影響直到南宋中期仍然存在，而程朱理學仍未占到上風。

陸游指出：「紹興初，程氏之學始盛，言者排之，至譏其幅巾大袖」。程氏以繼承孔子儒學自居，日常服飾也仿古製作，陸游認為，他們「衣冠近古，正儒者事」[3]。

乾道、淳熙年間，程氏學正在盛行，忌之者目為「道學」。尤袤奏言：「夫道學者，堯、舜所以帝，禹、湯、武所以王，周公、孔、孟所以設教。近立此名，詆訾士君子，故臨財不苟得所謂廉介，安貧守分所謂恬退，擇言顧行所謂踐履，行己有恥所謂

3　陸遊：《老學庵筆記》，卷九。中華書局一九七九年版，第118頁。

名節，皆目之為道學。此名一立，賢人君子欲自見於世，一舉足且入其中，俱無得免，此豈盛世所宜有？願徇名必責其實，聽言必觀其行，人才庶不壞於疑似」。孝宗曰：「道學豈不美之名，正恐假托為奸，使真偽相亂爾。待付出戒敕之。」[4]當時「道學」竟是人們眼中的醜名，廉介、恬退、踐履、名節之類評語，被人「假托為奸」，需要借朝廷權威為其正名。理宗以後，道學（理學）的優勢地位才明顯起來。

在政治上，南宋的道學家們並非都是主和派，也不是漠視政治實踐的腐儒，不少著名的道學家即是政績卓著的能吏。朱熹等道學（理學）家們將研討的重心放在「正心誠意」、「身性義理」等命題上，該是受屈和思潮、腐敗吏治的刺激，從士大夫的品德修養上找出路。但這種研究思潮的擴展，也會削弱對富國強兵事功的思考，使人遠離社會生活實際。

從吏治和人品層面考察，南宋統治集團存在群體性敗壞的頑症，「士大夫無恥」成為公認的評語；另一方面有學者在努力弘揚道義，以靖康時期「因亂謀利者多」為戒，呼籲「崇尚名節」[5]。正所謂魚龍混雜，真偽相亂。思想交鋒和政治搏鬥相連，學派爭議與官場傾軋有關。從秦檜的專政到慶元黨禁，由道學真偽之論到表彰理學的端平新政，都是政治、思想兩股勢力相

4　《宋史》，卷三八九，《九棗傳》。
5　《宋史》，卷三九一，《留正傳》，紹興中期，留正奏言：「士大夫名節不立，國家緩急無所倚仗。靖康金人犯闕，死義者少，因亂謀利者多。今欲恢復，當崇尚名節。」

互激盪，彼此呼應。江西士人、學者們心憂天下，參與其中，各因才智高下而有不同的作為。

第一節 ▶「江西學」的興盛

一 「江西學」的來由與特點

南宋學術思想兩大代表者朱熹、陸九淵，各以昌明道學為己任，陸氏稱朱氏曰江東之學，朱氏稱陸氏曰江西之學，皆因二人的鄉貫而起，然使用中又標舉著其思想特色。朱熹回答姜叔權的信中說：「示喻曲折，何故全似江西學問氣象。頃見其徒自說見處，言語意氣次第節拍，正是如此，更無少異。恐是用心過當，致得如此張皇，如此不已」[6]。其意專指陸九淵的學術思想，而且是在批評陸的學術弊病時使用。學派之出現，正在於各具特色，顯示思想活躍，又各有不足，隨取捨趨向之異而有不同的追隨者。元代歙縣學者鄭玉對臨川葛子熙說：我是朱的老鄉，你是陸的老鄉，朱陸的學術各有短長，而共性是主要的，「大本達道無有不同」，流弊是其後學者的問題。[7]

朱熹說江西學的時候，有時也兼及陸九齡、九韶，即陸氏三兄弟的學術思想。其立足點在於將「陸學」與自己相區別，引導

6　《晦庵集》，卷五二，《答姜叔權》。
7　鄭玉：《師山集》，卷三，《送葛子熙之武昌學录序》。

門人弟子走上自家的門徑。總體上朱熹還沒有要排擠陸九淵的主
觀意圖，他不止一次地宣傳陸學中人氣象好，或說勝於朱學自家
人；他也告誡門人要取陸學之長補自家之短。這是一個學者實事
求是的態度，不是意氣用事的偏見。

　　在《宋史》中列入「道學」的江西地區人，把朱熹一起算，
也只有朱熹、李燔、張洽、黃灝四人，陸九淵三兄弟、劉清之、
湯漢等劃入「儒林」。這種區分太偏執狹隘，我們改變這個界
限。

　　朱熹以陸九淵為核心，從學術優缺點角度說「江西學」，我
們沿用「江西學」名稱，但是擴展它的含義。一是把它看作學術
群體對待，固然陸九淵的學術思想居於首要位置，但他不能涵蓋
江西全體學人，所以，涉及的地域不僅是江南西路，而且包括在
江東路的饒州、信州、南康軍，即是將江西地區十三州軍都包含
在內；二是擴展其學術涵蓋面，既有陸九淵兄弟的學說，也包括
朱學以及朱陸之外的學者，不受學術門派之限，既介紹道學思想
家，也介紹文學、史學、醫學等其他學科的學者。可以說，我們
這裡使用的「江西學」，相當於說江西學術文化，不只是專門論
說「陸學」。

　　鑒於今天的行政區劃和社會認同的實際，朱熹也包含在「江
西學」之內。朱熹的祖籍在徽州婺源縣，出生於福建尤溪縣，長
期居住建寧府崇安縣，但他一生的許多學術活動在江西地區展
開，他任南康知軍期間的作為，在其畢生政績中占有突出地位，
白鹿洞書院的重建，更是影響深廣的學術成績。從一九四九年起
婺源已是江西的轄區，考察朱熹的思想，離不開江西的歷史環

境。將朱熹置於「江西學」之中，有利於完整地把握江西地區的學術思想態勢。

　　江西學形成與發展，完全是和書院教育、科舉考試旺盛的背景相適應的，教育培養了人才，高素質的人才繁榮了學術，濃厚的學術環境對書院教育產生促進作用，相互推動的良性循環，將地區文化水平提高，教育更加普及開去。

　　綜觀江西學的全局，它有幾個明顯的特點，一是陸學居於顯要地位。陸九淵以平民士人思想家的身分，與出於世家的朱熹、呂祖謙、張栻等大儒並立，其學術直承孔孟，宏傳「心學」思想，簡明直接，少有其他經師儒先的影響，他特別高揚主觀能動性，把學者自身努力置於第一位，號召樹立「人皆可以為堯舜」的人生目標，提倡「自強」、「自立」，批評「自暴」、「自棄」，使其學術思想受到社會的推重。

　　二是篤行仁義，實踐誠信。熟讀聖賢書，「學以為己」，涵養品德；出仕則「經世致用」，興利除弊。博學慎思，明辨是非，以國事民隱為重，不論為官、為民，都誠實地履行仁義道德，唾棄言行相悖的小人。

　　三是有「文章節義之邦」的整體優勢。在文章、氣節兩者之間，堅定而高尚的氣節，更受到世人注意。從南宋開頭的胡銓、王庭珪，到結尾的文天祥、謝枋得，不斷湧現文節俱高的剛介志士，彰顯出學術修養與品德素質相互為用，共同提高的效果。

　　四是學術成果豐碩。經學、史學、文學等傳統學術園地中的諸種門類，都有潛心鑽研的學者，貢獻了出色的作品，而且有的水準很高。據粗略統計，在《四庫全書》中共收錄一二一個學者

的著作一九九部，計三三二二卷。

五是發展不平衡。贛江中下游以及贛東北地區州軍，如吉州、撫州、饒州、信州的水平更高，贛南的贛州、南安軍地區水平相對更低，贛西北的袁州也顯得滯後，這些地方的傑出人物少，學術活動比較沉寂。

二　三個學術中心區域

從道學（理學）思想、傳播的歷史實際觀察，大致上有三個學術中心，一是撫州地區，陸氏兄弟的學術名望明顯突出。陸九韶（梭山）、九齡（復齋）、九淵（象山）兄弟的思想主張，並不完全一致，但在強調主觀自覺性方面沒有分歧，並且力圖運用於日用實踐。全祖望指出：「三陸子之學，梭山啟之，復齋昌之，象山成之。梭山是一樸實頭地人，其言皆切近，有補於日用。復齋卻嘗從襄陵許氏入手，喜為討論之學。《宋史》但言復齋與象山『和而不同』，考之包恢之言，則梭山亦然。今不盡傳，其可惜也。」[8]宋人在稱述中有時稱「二陸」，是指九齡、九淵二人。《宋元學案》中的《梭山復齋學案》、《象山學案》、《槐堂諸儒學案》的內容，屬於這個學術中心。

陸九淵善於演說，不重著述。其學術思想是南宋社會現實的產物，也在比較自由的論辯中發展。聲望與朱熹、呂祖謙並立鼎峙，在士人中影響頗為深廣。陸氏之學與朱熹思想並行，同中有

8　黃宗羲：《宋元學案》，卷五七，《梭山復齋學案》。

異，共扶綱常仁義，共襄時政世俗。二人雖有論辯，但仍友好，相互去短取長。陸九淵在世之時，不存在程朱獨尊的事實。他們是在舒緩的氣氛中各抒己見，沒有違心之論。各自的門人弟子，虛心求學，門戶偏見尚不明顯。到了他們身後，時局漸變，程朱思想獨尊於世，陸學聲望不彰。陸學特色鮮明、言行一致，以從政的出色治績，良好的治家效應，驗證著他們論鋒犀利而觀點清晰的學術主張。他們通過槐堂書院、象山書院的講學教育，宣傳主張，培養士子，形成一定規模的學術群體，其社會影響超出撫州，也不侷限於江南西路以及江西地區。例如，信州州學中，寶慶二年（1226 年）修繕之後，「既祠周、張、二程四先生矣，今又祠朱、呂、二陸四先生」，主其事者認為，這八人「是皆一代師法，百年文獻」，是諸生學習與傚法的榜樣[9]。繼承陸學的學者不僅是撫州人，在浙東也有一批忠實的傳播者，最著者為楊簡、袁燮、沈煥、舒璘等。

　　楊簡，字敬仲，慈溪人，乾道五年（1169 年）舉進士，授富陽主簿。陸九淵道過富陽，楊簡來問學，定「師弟子之禮。富陽民多服賈而不知學，簡與學養士，文風益振」。陸學與富商結合，相互推動，進一步激發主觀能動性，其社會效益更為深廣。

　　袁燮，字和叔，淳熙八年（1181 年）進士。與楊簡、沈煥、舒璘同在太學，向學錄陸九齡學，以道義相切磨，後見九淵「發

9　趙蕃：《章泉稿》，卷五，《重修廣信郡學記》。

明本心之指，乃師事焉」。[10]為學重反躬切己。其子袁甫，嘉定七年（1214 年）狀元，提舉江東常平、提刑，前後五年，在貴溪創建書院，崇祀陸九淵，既承父教，又從楊簡問學，故「學有本原」，他認為學者當師聖人，以自得為貴。

舒璘，字符質，奉化人，入太學，從陸九淵游，為人篤實，無毫髮矯偽。

沈煥，字叔晦，定海人，在太學中與楊簡等號金溪高弟。人品高明，躬行仁義，不苟自恕。

二是吉州、臨江軍地區，文化優勢顯著，學術名家眾多，長時期維持著良好的學術氛圍。劉靖之、清之兄弟的教育實踐、理學思想，兼有朱陸學術成分，對學術唯道義是求，不立門派，以篤行仁義見長。劉清之嘗言經師易得，人師難求，特重為師者的品德操守。其道學主張，尤其門徒帶往信州，向江東、浙東擴散。劉靖之執教於贛州州學，教書育人，社會效益突出，為時傳頌。《宋元學案》把劉靖之、清之兄弟單列為《清江學案》，全祖望指出：「朱（熹）、張（栻）、呂（祖謙）三先生講學時最同調者，清江劉氏兄弟也。惇篤和平，其生徒亦遍東南。近有妄以子澄為朱門弟子者，謬矣。」

彭龜年、謝諤、張洽等先後競起，傳播著清江學術觀點，以及朱熹的理學見解。彭龜年、謝諤的政績與學術並著，張洽以傳承白鹿洞書院事業為重。周必大、楊萬里的學術造詣以及在士人

10　《宋史》，卷四百，《袁燮傳》。

中的影響都大，然而周以其宰相事功而突出，楊以其詩文創作而揚名，故而他們的學術成就相形見絀。

胡銓、王庭珪、歐陽守道、文天祥等學術風格一脈相傳，在乞和苟安、貪腐成風的環境裡以剛毅氣節相尚，在他們身邊都團聚了大群學人。胡銓的老師鄉先生蕭楚，要求門生不僅是科場中第，更要保持儒學倫理精神，繼承他的弘揚《春秋》大義的傳統。而胡銓這位高弟，既寫了《春秋集善》十一卷，尤其是以痛擊秦檜乞和的行動名垂史冊。胡銓被貶嶺南之後，又作《易傳拾遺》十卷，在傳揚程頤《易傳》思想之餘，「時出新意於《易傳》之外」[11]。歐陽守道無顯赫的官位，卻有備受尊敬的教書育人記錄，門弟子中最傑出的是文天祥。《清江學案》、《巽齋學案》的主體人物，是這個中心的學者。

三是饒州、信州，兼及南康軍地區，學風濃厚，名家活躍。饒信二州位於贛、閩、浙三地的交會點上，是江西與兩浙人文交會之區。饒州的寓公不少，信州有一批中原士人落籍，社會信息得風氣之先。南宋前期，玉山汪應辰的狀元文化效應，繼而饒州洪适、洪遵、洪邁三兄弟在科舉和朝廷上兩方面的名望，促使地方文化水平全面提升。都昌曹彥約在朱學記錄中有不少事蹟，在主持地方軍政方面業績尤為突出。建昌李燔是朱熹的大弟子，在道學師承中占有緊要地位，其功勞理應受到重視。餘干趙汝愚在政治與學術上的突出影響，余乾柴氏家族、安仁（今餘江）湯氏

11　《宋元學案》，卷三四，《武夷學案》。今查，胡銓《易學拾遺》已佚。

家族多個學者的前後呼應，白鹿洞，象山等著名書院的教學效果，匯聚成優勢明顯的地區學術中心。

趙蕃上承劉清之的學術，年過五十乃問學於朱子，在信州傳播發展道學。寧宗之後，劉宰評議學術傳承關係說：南宋初期「諸老先生師友淵源，有以系學者之望，天下學者翕然而景從之，閩、湘、江、浙師道並建。……諸老淪謝，文獻之家，典刑之彥，巋然獨存，猶有以系學者之望者，章泉先生一人而已」。這是很集中地表彰玉山趙蕃章泉先生，強調其「能續諸老先生之後為學者所歸」的作用。[12]劉宰的看法，《宋元學案》予以引用，可見已得到學界公認。

這個中心地區既盛傳朱熹學術思想，也廣泛傳播著陸學，是朱陸學術交流十分活躍所在，二者在批評與爭論中，相互接近，發展起「和會朱陸」的思潮。陸學的再傳弟子袁甫在江東主政，特別熱衷書院建設，把陸學、朱學處於同等地位，同時弘揚。《玉山學案》、《雙峰學案》、《存齋晦靜息庵學案》的學者組合，大體上反映了這個中心的人才狀況。

鑒於南宋江西學術界的宏大學人群體，旺盛的書院教育和學術交流活動，再關注北宋階段江西的思想家和王安石新學的傳播，可以看出江西地區是道學（理學）的重要發祥地和傳播基地。

在《宋史》道學傳中，屬於南宋的只有八人，其中江西占四

12　劉宰：《趙蕃墓表》，轉見《章泉稿》附錄。

名。《宋元學案》中屬於南宋江西的學案有《象山學案》等八個。但是，這些《學案》並非以地域劃分，而是以領軍大師為核心定名，旗下的學侶、門生不限於同鄉。故此，江西學者除了參與這八個學案之外，在《滄州諸儒學案》、《武夷學案》、《晦翁學案》等其他學術群體中，還有不少江西成員。粗略檢閱一下，江西學者涉及的《學案》共計三十五個，人數共約二四九名。其中名望顯著、起核心作用的學者是：

撫州中心區：陸九韶、陸九齡、陸九淵、傅夢泉、傅子雲、彭興宗、羅點、陸持之、包揚、包恢；

饒州、信州中心區：汪應辰、朱熹、李璠、趙汝愚、趙蕃、陳景思、柴中行、饒魯、曹彥約、湯千、湯巾、湯中、謝枋得；

吉州、臨江軍中心區：劉靖之、劉清之、胡銓、謝諤、周必大、楊萬里、彭龜年、張洽、章穎、歐陽守道、文天祥。

三　鵝湖之會推動江西學發展

鼎峙於南宋學壇的朱熹、呂祖謙、陸九淵三位宗師相聚鉛山鵝湖寺，成為潮流之必然，別處難與爭鋒。鵝湖之會的學術影響與意義，與其看作道學發展史上的大事，更應該視為推動江西學術文化全盛發展的里程碑。在此之後，朱熹重建白鹿洞書院，陸九淵象山講學，朱熹、陸九淵、劉清之等互訪交流，共同激盪起來的文化高潮，吸納著眾多的求學之士，推動了江西書院教育發展。在這股潮流中，朱、陸本人的學術研究在精深提煉，他們的眾多門生也加速成長，先後占有各自的學術據點，將理學文化向更廣闊的地域傳播開去。

鵝湖之會在信州鉛山縣鵝湖寺舉行。鵝湖寺位於當時鉛山縣城永平鎮北部的鵝湖山，地當永平至汭口（今鉛山縣治河口鎮）的官道中途。唐宋時代，永平、汭口是福建建陽、崇安（今武夷山市）進入江西信州，西往饒州，東去浙江的必經之地。唐代大曆（西元 766-779 年）年間，大義禪師在鵝湖山峰頂建寺，俗名峰頂寺，賜名鵝湖寺，隨著禪宗影響的擴大，該寺也成了士大夫遊觀的名勝地。淳熙二年（1175 年），金華呂祖謙邀陸九淵、陸九齡兄弟與朱熹在鵝湖寺聚會，交流思想，正是看中鵝湖寺為著名的遊觀勝地，以及它在建陽、金溪、金華三地之中心的區位優勢，大家來回比較方便，而且有利於在欣賞山水風光之時，隨意而無拘束地交談見解。人們看到，朱陸賦詩表達會談心得，都是借景生情，於吟詠山水之中隱喻學術觀點。

與會者除呂祖謙、朱熹、陸九齡、陸九淵四人之外，還有清江劉清之、撫州知州趙景明、信州知州詹儀之等十餘人。朱熹、陸九淵、呂祖謙三人分別是理學三大學派的祖師，三家同時，皆不甚合。全祖望《同谷三先生書院記》說：「朱學以格物致知，陸學以明心，呂學則兼取其長，而復以中原文獻之統潤色之。」呂祖謙與朱熹有學術交誼，對陸九淵早有所聞，乾道八年（1172年）九淵舉進士，呂為考官，閱卷即知為陸所寫。朱、陸互不相識，卻都有結交之願。淳熙二年五月，呂祖謙憑個人的信譽發出邀請，諸位屆期到來。聚會的本意是因為各人學術之異，祈求有所折中。聚會期間，朱、陸議論的中心問題是「教人」。與會者之一朱泰卿回憶說：「鵝湖之會，論及教人，元晦之意，欲令人泛觀博覽而後歸之約。二陸之意，欲先發明人之本心而後使之博

覽。朱以陸之教人為太簡,陸以朱之教人為支離,此頗不合。先生(按,指陸九淵)更欲與元晦辯,以為堯舜之前,何書可讀?復齋(按,即陸九齡)止之。」趙、劉諸公拱聽而已。[13] 幾天的論辯,朱陸各抒己見,雖然未能統一認識,卻加深了相互瞭解。陸九齡說「珍重友朋相切磋,須知至樂在於今」。朱熹認為獲得教益,「舊學商量加邃密,新知培養轉深沉」。

這樣一次學人之間友好的自由集會,切磋學術,產生了積極的效果。首先是彼此增進印象,看到了對方的成就,激發了「截長補短」的慾望。

其次,在既有的交流基礎上,大家繼續書信交流,或前往拜訪,進一步互通學術信息,爭鳴一些問題。其中朱陸之間關於太極、無極之辯,氣氛比鵝湖會正規而激烈,但是相互仍然是「和而不同」。爭鳴不在於統一,而是帶來思想活躍,激發思考,打破學界的沉悶保守狀態,催生出智慧火花。

第三,催生出明顯的文化發展效果。淳熙五年(1178 年),朱熹出任南康軍知軍,備受江西士紳尊敬,眾多學子入其門下。淳熙八年(1181 年),朱熹剛重建白鹿洞書院,就邀請陸九淵來講學,陸九淵十分認真地講「君子喻於義,小人喻於利」,切中學者隱微深痼之病,朱熹聽後非常感動,當即表態:「熹當與諸生共守,以無忘陸先生之訓」,並將陸九淵的講義刻石,以資後來者學習。淳熙十四年(1187 年)之後,劉清之罷官衡州,路

13　陸九淵:《象山全集》,卷三六,《年譜》。

過潭州（今長沙），看望了正在那裡的朱熹。然後再東往浙江金華，拜會呂祖謙，受到熱情接待，在其麗澤書院講論經義，切磋學問，數月之後才歸故鄉。所有這些交遊事例，顯然都是鵝湖之會孕育出來的碩果。他們的交遊講學，擴大了在學界的影響，產生了一個合力，將江西的學術發展推向繁榮。

陸九淵象山講學獲得巨大成功，是江西學術氣氛濃厚的最好證明。淳熙十三年（1186 年）冬，陸九淵從敕令所刪定官位置上罷下來，從游者特多。金溪學者得知他回來了，四面輻臻而至，請他在縣城講學，鄉里長老也相隨旁聽，每次開講，聽眾不下二、三百人。十四年（1187 年）春，陸九淵受門人彭興宗（字世昌，金溪人）延請，去貴溪應天山（距縣治西南 60 華里）講學。諸生從各地「裹糧」而來，結廬而居，大家「聚糧相迎」九淵講學，完全是慕名求救。據在山上求學的馮元質介紹，每次開講，門生「少亦不下數十、上百人」。從登錄名冊上看到，來像山聽其講學者，幾年累計「逾數千人」。

在此之前，陸九淵僅有的幾次交遊活動，以鵝湖之會及白鹿洞書院講學最著，他的學術名望即由此而提高，而像山講學生活進一步擴大了其影響。從另一方面看，象山的人氣升騰，又是江西讀書人多，求學慾望迫切的反映。

鵝湖之會當然也提高了朱熹的知名度，受到江西人士的尊敬。他與周必大、楊萬里、趙汝愚、謝諤、彭龜年等都有交往，對劉清之及其家族評價很高。他和陸九淵之間雖然有爭論，有批評，但非攻其一點，不及其餘，他表彰陸學的成就，讚揚陸氏門生的品德，說：「今浙東學者多子靜門人，類能卓然自立，相見

之次，便毅然有不可犯之色。自家一輩朋友，又卻覺不振」；又說：「子靜平日自任，正欲身率學者一於天理，不以一毫人欲雜其間」。[14]從批評者口中說出的讚許，足見陸氏的學術主張受到社會人士歡迎，並且在培養德才兼備的人才方面成績突出，這自然是發展旺盛的表現。

四　自然科學的自然發展

傳統儒學居於絕對統治地位，讀書人的思想理論基礎必然跟著聖賢走，不論在哪個學科用功，皆需「考之經傳」才算正宗。因而，總體上重經史、輕科技的偏向嚴重；另一方面，經史學術的旺盛，也會帶來技術科學的某些發展。那些在科舉路上走不通的人，不得不在醫藥、農業、歷算、音律乃至占卜、堪輿等領域找生活。傳統學術素養深厚的人，在醫藥、歷算、堪輿等領域的造詣也精湛。歐陽守道曾經說，自己看過的一、二十種墓葬風水書冊中，有一本「最可人意，意其出於明理之儒者，每愛玩之。非特予愛玩之，四方士大夫之能知地理者，與之縱言及此，則每每誦之如流也」。[15]

南宋江西的科學技術有所發展，究其原因，歸結為書院教育的普遍發展，讀書的人激增，總體文化水平相應提高，與生產直接相關的應用技術也得到更多的文化支撐而有所發展。但是，發

14　朱熹：《朱子語類》。
15　歐陽守道：《巽齋文集》，卷一一，《贈宋義甫序》。

展與進步都是自發的，朝廷既不設科考試，也沒有相關的官位、俸祿，全然是自找出路，自謀發展。一方面由於保守技術機密的需要，只在家庭中傳授，能夠父子相傳，像膽水浸銅技術那樣就不錯，另一方面，由於不能成為功名利祿的資本，沒有多少人願意獻身。因而，不少技藝專精者後繼乏人，至於弟子廣眾，形成學派就更無從談起。

由於處在民間流傳狀態，天生的弱勢，不可能登上顯學的舞台。他們的著作，缺乏官府支持，難得名宦獎譽，自身窮愁潦倒者更無財力支撐，故而刻印流傳的很少，後世研究的憑藉也就少之又少。例如，《浸銅要略》、《禾譜》、《農器譜》等書，儘管實用價值很大，又有著名人物為之序跋吹捧，卻不能像《四書集注》、《文忠公文集》那樣廣泛流傳下來。江西所到州郡多刊文籍，卻沒有一個州軍、一所官學（書院）刻印技術書籍。後人讀不到原書，也就無法對其學術內容進行研討品評。宜春歷算家歐陽之秀著有《律通》，卻不見其書，一篇序言，全賴《宋史》律歷志轉錄，才知曉了一點皮毛。

更有甚者，像刑法學，在官府和士大夫的抵制扼殺中，始終沒有得到發育的機會。以訴訟的方式解決民間糾紛，在江西有深厚的群眾基礎。從北宋前期開始，江西「往往有開訟學以教人者」，主持人的教學方法是：「出甲乙對答及嘩詰之語，蓋專門於此。從之者常數百人」。[16]群眾坐在一起談論訴訟，民間流傳

---

16 周密：《癸辛雜識》，續集卷上，《訟學業觜社》。

著教人訴訟的讀本《鄧思賢》¹⁷。這種「尚訟」的社會風尚，是關於法律、刑獄、訴訟等專門學問的實際應用。此風猛刮宋代江西全境三百餘年，下至元明清仍然是士大夫的談話資料。由於民眾有據法律論辯的能力，經常使州縣官審案時被動難堪，難以糊塗斷案。宋代以來的審案經驗彙編如《疑獄集》、《折獄龜鑑》、《棠陰比事》等，一帶轉錄鄧思賢之事，以及《鄧思賢》這本書¹⁸。按明朝人提供的資料，《鄧思賢》這本書在江西的「書肆有刊行，公理雜詞，民童時市而誦之」。由此可見這本書影響之深廣，比較四書五經更有實效。以今天的認識水準衡量，鄧思賢是宋代最受群眾歡迎的法律權威，《鄧思賢》是學術水平最高的刑法學專著，而「訟學」則是法律專門課程。可惜，受社會制度的嚴格侷限，江西高水平的法制風尚，被判定為「難治」的依據，根本不能和儒學同等看待。¹⁹

17　沈括：《夢溪筆談》，卷二五：「世傳江西人好訟，有一書名《鄧思賢》，皆訟牒法也。其始則教以舞文，舞文不可得，則欺誑以取之。欺誑不可得，則求其罪劫之。蓋思賢人名也，人傳其術，遂以之名書，村校中往往以授生徒。」

18　《疑獄集》，卷九，《虔效鄧賢》：「沈括筆談云……韓琚通判虔州，民有偽作冤狀，悲憤叫呼，似若可信……按：虔州今之贛州府也，（沈）括熙寧中任知制誥，去今四百年矣。世道日漓，刁民偽為冤狀以陷人者，在在有焉。貧弱有冤無處訴告者，亦無地無焉。受人財，為人捏造冤苦詞情，若鄧思賢者（今古筠等府，書肆有刊行，公理雜詞，民童時市而誦之），亦有之焉。」

19　呂祖謙：《左氏博議》，卷一七說：「議禮如聚訟，斷禮如聽訟，競褅爭祫，駁郊難社，大訴牒也。據章守句，執文秉法，大券契也。棟充宇積，帙千簡萬，大案牘也。前師後儒，乃禮中之證佐。黨同伐異，

所以，自然科學各個門類，包括刑法學這類社會科學，都是處在自生自滅狀態。各大瓷窯長期保持技術優勢，具有特長的工匠眾多，但是從未有專家問世；造船、架橋成果豐碩，卻沒有一個著名工程師留名……自然科技本應和經史之學並駕齊驅，實則不可相提並論。

第二節 ▶ 經學史學家

經學家與道學（理學）家在南宋幾乎不可分，而總的傾向是道學（理學）思想家占主流。有的學者對經典寫有詮釋性的著作，如胡銓有《易傳拾遺》十卷、《書解》四卷、《禮記傳》十八卷、《周禮傳》十二卷，楊萬里有《易傳》二十卷，應該是經學家，但他們在其他方面更突出，故而不在思想家隊伍中介紹。道學（理學）思想家中朱陸兩派的主帥在江西，同時又有兼容多派，為求其是的思想家。在這些思想家身上，表現出一個共同特色是政績顯著，證明他們所提倡的「學以為己」、「篤行仁義」是真的，言行一致，不是「假道學」。

六經皆史，經史實不可分；地方誌與歷史地理，均屬史學的支系，故而把三者合在一起敘述。史學家的突出成就是對當代歷

乃禮中之讎敵。析言曲辨，乃禮中之奸氓。斷禮者苟欲隨事而析之，隨說而應之，彼以經來，我以經對，彼以傳來，我以傳對，彼以史來，我以史對，是猶聽訟者欲與珥筆之民，爭長於律令質劑之間。」

史的研究，表現出對國家命運的關注。方志學和地理學家的著述，旨在為施政實踐、振興地方提供借鑑。

一　理學思想家

　　陸九韶（？-？），字子美，撫州金溪人。陸賀六子，九韶居第四，《宋元學案‧梭山復齋學案》以他為首。在他們兄弟之前，祖上幾代人都無官爵，只是一般的鄉間富戶，因而其家和官貴、名儒沒有關係網絡，缺少政治生態和學術傳承優勢。九韶學問淵粹，而終生布衣。曾與學者講學於青田村前的梭山，號梭山居士。九韶艱苦治學，以切於日用者為要，致力於家族生活治理。陸家累世義居，他制定《居家正本》、《居家制用》兩部規則。在《居家正本》中，強調厲行孝悌忠信、道德仁義，反對朝夕追求名利。他說：「就使遂心臨政，不明仁義之道，亦何足為門戶之光邪」。所以，仁義孝弟是做人之本，名利為末。「慕爵位，貪財利」，非賢非智，必為「人所鄙賤」，是本末俱廢。《居家制用》是參考經國之制，而為居家之法，確立「量入以為出」的原則。規定每年農田淨收入分作十份，留三份備水旱，一份供祭祀，其餘六份平分，供十二個月支用，一月之中再分作三十份，作每日之用。在嚴密計劃中做到不超支而略有餘。同時注重鄉鄰互助，鄰閭有吉凶事，苟財不足則助力，必先眾人而往，後眾人而歸。切忌吝嗇，免失人情。否則，「人惟恐其無隙，苟有隙可乘，則爭謀孽之」，那就會使保家的堤防潰決。

　　在與朱熹的學術爭論中，九韶對朱熹說：《太極圖說》與《通書》不相符，疑《太極圖說》不是周敦頤寫的；不然，則或

是不成熟之作，或是轉述他人的文字，後人沒有辨別清楚。例如，《通書》「理性命」「動靜」兩章中，都沒有「無極」二字。假若《太極圖說》是周寫的，或者是其少年所作，那麼他後來寫《通書》不言「無極」，則是已經知道無極之說不對了。朱熹不同意，繼續申辯，九韶認為朱熹「求勝不求益」，不再與其辯論。

朝廷下令舉「遺逸」，州縣推薦九韶，他不赴。臨終時，自撰喪禮，告誡家屬不得寫墓誌銘。這種完全不同於世俗的做法，表明九韶真正淡泊名利，大徹大悟了。其文集曰《梭山日記》。

陸九齡（？-1177？），字子壽，九淵的五哥，學者稱復齋先生。他與兄九韶、弟九淵均強力自學，卓有成就。紹興間秦檜專權，二程學說不見於科場，九齡獨委心其說。他以放逸自許，不事科舉業。吏部郎許忻寓居臨川，直道清節，很少與賓客往來，而對九齡則折輩行交談，凡時政興衰，制度損益，前輩風範，無不涉及。後許忻任湖南邵陽知州，召九齡同往，寄託甚厚。九齡從邵陽回金溪之後，更加廣覽博咨，悉通陰陽、星曆、五行、卜筮之說。兄弟自相師友，和而不同。他在讀書之餘，率領子弟習射練武，改變鄉鄰鄙視弓矢為武夫末藝的觀念。他認為，射箭所以觀德，善射者必考察其德行。這即是說，你的高強武藝看對誰而用。後來吉州爆發盜寇作亂，州縣組織地方武裝自衛，九齡毅然出任主持，所採取的屯駐備禦措施，皆可為後來傚法。

其父陸賀曾經遵照司馬光的冠婚喪祭儀，在家裡施行，九齡繼承父志，配合兄九韶，進一步完善這些禮儀，變成自家制度，讓全家上百人按聚居合食的規矩生活，「男女以班，各供其職。

友弟之風，被於鄉社」。

　　紹興後期，九齡入太學，司業汪應辰舉薦他為學錄，一時間願與交遊、北面稱弟子的太學生甚多。乾道五年（1169 年），九齡登進士第，初任興國軍教授。該地學風不振，極少有志於學者，九齡不以職閒自逸，每天必定整肅衣冠，端坐講堂，講勸誘導。生員的膳食供給名存實亡，他認真核實數額，嚴密收支辦法，報告上司實行。後調全州教授，未上，病卒。寶慶二年（1226 年），追諡文達。

　　九齡治學特重踐履，堅持日常生活行為與聖賢之言相應。他對張敬夫說：「聲氣容色，應對進退，乃致知力行之源，不若是而從事於箋注訓詁之間，言語議論之末，無乃與古之講學者異矣。」對傅子淵說：「近來學者往往棄日用而論心，遺倫理而語道……此又將潰於無底之壑矣」。淳熙三年（1176 年），九齡陪同九淵參加鵝湖之會。他批評朱熹做學問中的毛病，又珍惜友朋之間的切磋交流，對這次會談很滿意。在另一方，朱熹批評九齡、九淵兄弟「專務踐履」，「盡廢講學」，是其為學之大病。陸朱雙方的意見，都有些偏執，然注重踐履更值得弘揚。黃百家評議曰：「從踐履操持立腳，恐不得指為大病。但盡廢講學，自信太過，正是踐履操持一累耳。若使純事講學，而於踐履操持不甚得力，同一偏勝，較之其病，孰大孰小乎？」全祖望也指出：「陸氏兄弟賢智之過，辭氣多有過高，遂成語病。而其倚天壁

立，足以振起人之志氣，其功亦不可沒。」[20]

陸九淵（1139-1193 年），字子靜，號象山，陸賀第六子，與九齡一起號「二陸」，九韶、九齡、九淵三個一起號「三陸」。九淵是「江西學」的主要代表者，具有獨立思考，思想敏銳，創造精神強的特色，又政績卓著，如古循吏，受到興論讚譽。

陸九淵從小在家學中接受父兄的教育和薰陶，熟讀孔孟之書，深諳儒家義理，自學成才，不受先儒解說左右，直探孔孟思想精髓，重視身體力行，實踐儒學思想。陸家同財共居，既經營土地，又開設藥店，衣食住行諸多事項，全部由六兄弟輪流操持。陸九淵當值的時候，認真謹慎，視為實踐「執事敬」準則的表現，把「修身」與「齊家」結合。

乾道八年（1172 年）中進士，在臨安時期，「士爭從之遊。言論感發，聞而興起者甚眾。教人不用學規，有小過，言中其情，或至流汗。有懷於中而不能自曉者，為之條析其故，悉如其心」。九淵認為一個人的覺悟狀況直接制約其行動：「念慮之不正者，頃刻而知之，即可以正。念慮之正者，頃刻而失之，即為不正」；不能只看人的外表：「有可以形跡觀者，有不可。以形跡觀人，則不足以知人。必以形跡繩人，則不足以救之」[21]。在朝任敕令所刪定官，讚賞朱熹在崇安（今福建武夷山市）興辦社倉的做法，感嘆「有司不復舉行，所以遠方無知者」。遂將其法

20　《宋元學案》，卷五七，《梭山復齋學案》。
21　《宋史》，卷四三四，《陸九淵傳》。

編入《賑恤》[22]當作檔案資料。

　　淳熙十一年（1184 年），陸九淵輪對時，向孝宗提出以「格君心」為主題的五篇奏疏。孝宗稱讚他的意見，升其官職為將作監丞。而給事中王信卻彈劾九淵攻擊了大臣，遂被罷官。此後在貴溪象山講學五年。

　　光宗即位後，起陸九淵為荊門軍知軍。他施政堅持「制事以義」，「事唯其宜，理唯其當」的原則。開門聽訟，「民有訴者，無早暮，皆得造於庭」，判案著重思想教育，「唯不可訓者，始置之法」。嚴加管束境內官吏，瞭解下屬之貪廉，以及民俗之習尚善惡。主要政績是：建築城池，整頓軍伍，改善治安；撤除關卡，放開通商；向民眾宣講破除迷信，自求多福的信念。他還計劃考察鄉間，推廣江西農民興修水利的經驗。僅一年即有「政行令修，民俗為變」的治效。諸司交薦，丞相周必大嘗稱「荊門之政，如古循吏，躬行之效至矣」。紹熙四年（1193 年），病卒任所。會葬者以千數。諡文安。

　　陸九淵對自己的學術思想有一個基本看法：「區區之學，不能自已。朋儕相課，亦謂月異而歲不同，每觀往年之文，其大端大旨則久有定論，至今不易。若其支葉條目，疏漏舛錯往往有之，必加刪削，乃可傳也。」[23]解讀陸九淵，也是看他的「大端大旨」，不糾纏於枝節。

22　《宋史》，卷一七八，《食貨志》。
23　《象山全集》，卷十，《與朱益叔》。

陸九淵的學術思想，上承孔孟，直探本原。孟子說「仁人，心也」，「學問之道無他，求其放心而已」，九淵繼承這個「心學」思想。他認為心即「道」，即「仁義」，即「理」，「學問之要，得其本心而已」。聖賢之道存在於每個人的「本心」，所以「人皆可為堯舜」。陸九淵把這個道理看做是與天地並存的永恆不變的「道」。這是第一層意思。

第二層意思：仁義道理是人的本性，不必向外尋求。他說：「道理無奇特，乃人心所固有，天下所共由，豈難知哉？」[24]「良心正性，人所均有，不失其心，不乖其性，誰非正人。[25]」陸九淵在這裡強調了「仁義」的絕對性，同時緊密聯繫所有的人，說明人人固有此仁義之心。

第三層意思，仁義之道亟待發揚，學者必須立志、去欲、衛道。陸九淵對社會上「徇情縱慾」，「不顧義理」的人事，進行理性剖析。他指出：今為縣官的人「或者遏於勢而狃於習」，昧著良心，「吏縱弗肅則曰事倚於辦，民困弗蘇則曰公取以足，貴勢富強雖奸弗治、貧羸孤弱雖直弗信，習為故常」，都是「勢」使之，「同利相挺，同波相激」，終至良心泯滅。由此重申先賢教導，力圖喚起仁義回歸。必須「少而學、壯而行」，學以致用，從「汩沒於貧富、貴賤、利害、得失、聲色、嗜欲之間」奮拔植立起來。很明顯，他的去「人欲」的含意，指違背義理、不

24　陸九淵：《象山全集》，卷一，《與趙監》。
25　《象山全集》，卷一三，《與郭邦瑞》。

含法制的奸貪淫暴，追逐富貴名利而為非作歹之類行徑，絕非指一般意義的物質利益，合理合法的正當權益。

陸九淵認為，對良心的戕賊淹蔽，除了聲色、嗜欲之外，還有意見之蔽，邪說之蔽。對儒家經典的錯誤理解，歪曲了仁義道理的真意，便是「意見蔽」。這個觀點是對「物慾蔽」的發展，更具理論性意義。常俗汩沒於富貴名利，是曚昧，屬於淺表層次；「曲學詖行」，即排斥「正學」的「邪說」，則屬於深層次。理論上的偏見比無知更有害。從維護理論純潔性上說，消除各種錯誤的見解，比對大眾做啟蒙教育的意義更重大。在當時師門眾多的形勢下，尤其是與朱熹論辯的氣氛中，「意見蔽」的見解具有獨創的深刻性。

陸九淵在中進士之前宣稱「宇宙便是吾心，吾心即是宇宙」、「宇宙內事即分內事，己分內事即宇宙內事」，表達了以天下為己任的寬廣胸懷，以及為國為民幹一番事業的遠大志向。從哲學層面理解，他是儒學家中特別重視「宇宙」一詞的學者，把「宇宙」、「理」和「吾心」三個概念緊密聯繫，使「宇宙」的觀念提到了前所未有的哲學高度。或者說，在中國古代，從陸九淵開始，才有了真正嚴格意義上的「宇宙」觀[26]。

他認為，仁義禮樂的政治思想；君臣父子的倫理原則；修身、齊家、治國、平天下的做人目標等大綱要旨，在儒經中全都說得一清二楚了，無須添枝加葉再去註疏，最重要的是真心領

26　詳見王曾瑜《從古「宇宙」詞義談古人的宇宙觀》。

悟，切己篤行。[27]他致力於此，故友人勸其著書，他回答：「《六經》注我！我注《六經》！」又曰：「學苟知道，《六經》皆我註腳。」以經世致用為目標的儒學，最重要的原始精義就是切己篤行，以修身為本。學者的用心不在於如何解釋經典，而在「篤行」，致力於「日用常行」上面。因此，六經的原則精神與自我行為的印證，必然是儒者的終極目標。

他重視人的思想狀態，大講「人皆可以為堯舜」。堯舜是儒學理論的化身，所以他反覆告誡做人要有大志，要做堂堂正正的人，不可自卑、自暴、自棄。[28]他教導門生要「學以為己」，即是儘力將儒學的原始旨意融入思想，兌現於生活實踐，使言與行相符。追求「人皆可以為堯舜」的理想境界，有激勵上進、激濁揚清的意義，對今天仍不失其借鑑效益。

陸九淵應朱熹邀請，於淳熙八年（1181 年）二月在白鹿洞書院講「君子喻於義，小人喻於利」，將義與利、公與私，作為區分君子小人的一道界線。將「國事民隱」立為界標，主張維護國家、民眾的之利，十分可貴。「以道制欲」，將「利」置於「義」制約之中，反對違背仁義道德牟取非分之財，比「去人欲」的說教更符合人情事理。他宣揚「事唯其宜，理唯其是」，凡事

27　南宋初期的林光朝，已經主張，「專心聖賢踐履之學，通《六經》，貫百氏，言動必以禮，四方來學者亡慮數百人。南渡後，以伊、洛之學倡東南者，自光朝始。然未嘗著書，唯口授學者，使之心通理解。嘗曰：『道之全體，全乎太虛。《六經》既發明之，後世註解固已支離，若復增加，道愈遠矣。』」（《宋史》卷四三三。）

28　詳見《象山全集》，卷三四《語錄》下。

要講義理。[29]

　　朱熹（1130-1200 年），字元晦，號晦庵，別號紫陽，祖籍婺源縣，出生福建尤溪縣，十四歲喪父，隨母定居崇安（今福建武夷山市）五里夫。紹興十八年（1148 年）進士。初任泉州同安縣主簿，罷歸。紹興三十二年（1162 年）六月孝宗即位，八月朱熹應詔上言對金關係大計，認為「講和者有百害無一利，何苦而必為之」。主張堅定復仇之志，待「數年之外，志定氣飽，國富兵強」之後，再「視吾力之強弱，觀彼釁之淺深，徐起而圖之」[30]。主張對金持重，反對苟且請和，是朱熹對國家大政的基本觀點，也是南宋大多數官僚的共同見解。

　　隆興、乾道間，因與宰相政見不合，一再辭官，博得「安貧守道，廉退可嘉」名聲。乾道四年（1168 年），朱熹在所居建寧府，主持推行「社倉法。」後來，他奏請將其法推廣開去，孝宗同意了他的建議。[31]

　　淳熙五年（1178 年），出任南康軍知軍，在郡興利除弊，講求賑災，興復白鹿洞書院，治績頗著。淳熙七年（1180 年）調任浙東提舉常平茶鹽公事，主持賑災等地方政務，勤謹務實，取得成效，孝宗讚揚他「政事卻有可觀」。吏部尚書鄭丙以批評二

29　孟子曰：「可以取，可以無取，取傷廉」。（《孟子・離婁下》）有的可以拿，有的不能拿，拿了會傷害廉潔的，便不能拿。禮義廉恥是取捨的界線。陸九淵的主張可說是對孟子思想的運用。

30　朱熹：《晦庵集》，卷一一，《辛丑延和奏札四》。

31　朱熹：《晦庵集》，卷一三，《辛丑延和奏札四》。

程學術為由，沮抑朱熹；監察御史陳賈奏言有所謂「道學」者，假名以濟偽，願擯斥弗用，蓋指朱熹。遂罷為祠祿官。

淳熙十四年（1187 年），為提點江西刑獄公事。十五年（1188 年），上奏經總制錢害民，及江西科罰之弊。州縣巧取於民，恣意誅求，皆因朝廷耗費無常，而且無度，所以「科罰之弊」不僅是江西，而是各路皆然。故而有「滅門刺史，破家縣令」之說。官場宿弊既不能不禁，又不能全禁，是由於朝廷制度使然。拿「羨錢」補州縣之闕，是割肉補瘡，結果也是「為害愈甚」。

光宗即位，朱熹知漳州，奏除無名之賦七百萬，減經總制錢四百萬，推行喪葬嫁娶禮儀，藉以轉變民俗。建議釐正經界，土居豪右者上奏其擾民，朱熹請祠，改荊湖南路轉運副使。寧宗即位，趙汝愚為相，召朱熹為煥章閣待制、侍講。改為秘閣修撰。當時韓侂胄以對寧宗有定策功，居中用事。朱熹以上疏忤韓侂胄，慶元二年（1196 年），監察御史沈繼祖劾朱熹十罪，遂被罷。慶元六年（1200 年）三月病卒，年七十一。嘉泰二年（1202年），諡「文」，寶慶三年，追封信國公，改徽國公。

朱熹中進士五十年，為地方官九任，朝官僅四十天，畢生主要講學。他認為聖賢經旨不明，於是竭其精力註釋典籍，既採擇漢儒之言，亦抒發己見。《四書集注》（四書指《大學》、《中庸》、《論語》、《孟子》）是其代表性的學術成果。他大力發展傳統儒學，接續北宋程顥、程頤的思想理論，將道學向前推進，成為公認的道學思想集大成者。在宣揚和傳播道學思想過程中，重建盧山白鹿洞書院，使這所停廢多年的書院獲得新生，再次成為著名

的文化教育中心，又是傳播朱熹道學思想的堅強基地，而且它的學規等辦學制度，也因此廣泛傳播開去，影響及於國外。

朱熹之學識，既博求之經傳，復遍交當世有識之士，虛心問學。其學術主張，大要為：窮理以致其知，反躬以踐其實，而以居敬為主。他強調理與氣的從屬關係，主張「理在先，氣在後」。提倡「格物致知」，「正心誠意」。他不厭其煩地教導人們「去人欲，存天理」，以「天理」統率人生。使「理」絕對化，樹立其至高無上的思想統治地位。「理」的具體內容則是孔孟儒學的倫理綱常，仁義道德，以及「修身、齊家、治國、平天下」的修養原則，即是他說的「願周孔之道常存」。對朱熹的學術主張，南宋學者在崇敬之中有批評，「五峰學案」宗師胡宏對張栻說：朱熹「其言有體而無用」。乾道九年（1173 年）春，宰執大臣議論朱熹屢召不起，宜蒙褒獎，或奏曰：「熹學問該博，但泥於所守，差少通耳」。孝宗說：「士大夫讀書，當通世務」。

作為南宋道學首要的學派大師，朱熹以正統儒學自命，以消除不同見解為己任。鵝湖寺之會及其後，關於「太極」、「無極」問題的書面辯論，最具代表性。通過學術交流辯論，朱陸兩家依然各自發展，卻彼此加深了認識，並都「截長補短」，完善自身。然而在他們身後，門生的門生們更多的是注重朱陸之異，出現為門派之利而意氣用事，偏離了學術道路。從學術發展的客觀規律考察，存在論點之爭是正常發展之象，只有爭鳴才可臻於繁榮，天下一統式的氣勢反而是停滯的證明。朱陸之間的差異是次要的，二人之同是基本的，他們「同於扶綱常，同於別義利，同

第九章・「江西學」與江西的著名學者

745

於修己治人，同於愛君憂國」[32]，都是最積極的社會秩序維護者。全祖望《晦庵學案》按語說：楊時四傳得朱子，「致廣大，盡精微，綜羅百代矣。江西之學、浙東永嘉之學，非不岸然，而終不能諱其偏。然善讀朱子之書者，正當遍求諸家，以收去短集長之益。若墨守而摒棄一切焉，則非朱子之學也。」這個評議，很精當，遍求諸家，去短集長，具有普遍意義。

朱熹在浙東和唐仲友相互辯駁時，浙東提舉鄭丙針對朱熹說：「近世士大夫有所謂『道學』者，欺世盜名，不宜信用」。接著，監察御史陳賈奏：「道學之徒，假名以濟其偽，乞擯斥勿用。」後來，胡紘繼續用此手法。胡紘曾經謁朱熹於建安，「熹待學子惟脫粟飯」，胡紘不滿意，語人曰：「此非人情。隻雞尊酒，山中未為乏也」。他彈劾趙汝愚的時候，就「詆其引用朱熹為偽學罪首」。抨擊朱熹最厲害的是兵部侍郎林栗。

寧宗召朱熹為兵部郎官，熹既入臨安，聲稱腳疾，未就職。林栗遂以主管的身分論曰：「熹本無學術，徒竊張載、程頤之緒餘，為浮誕宗主，謂之『道學』，妄自推尊。所至輒攜門生十數人，習為春秋、戰國之態，妄希孔、孟歷聘之風，繩以治世之法，則亂人之首也。」[33]當時太常博士葉適上書與林栗爭辯。

---

32 吳子良：《三先生祠記》。見光緒《江西通志》，卷七二。按，今查四庫全書，見吳子良名下有《荊溪林下偶談》，「提要」稱著者吳子良，臨海人，寶慶二年進士，但該書通篇無「記」，其他篇章中也不見這段文字。不知寫《三先生祠記》的吳子良是否即是《荊溪林下偶談》著者？《三先生祠記》的原始出處，有待進一步考查。

33 《宋史》，卷三九四，《林栗傳》。

葉適看重的，是「道學」成為虛偽的代名詞，成了「惑亂世俗」的證據。至於朱熹「攜門生十數人」遊走之事，則不置可否。葉適說：「逐去一熹，固未甚害，第恐自此游辭無實，讒言橫生，善良受害，無所不有！」葉適擔心的禍害，正是韓侂胄的本來目的。

朱熹以其學術思想，生前遭受政治禁錮而死，身後卻備受尊崇，成了孔子之後的大聖人。

謝諤（1121-1194 年），字昌國，臨江軍新喻人，居縣南之竹坡，名其室曰艮齋，人稱艮齋先生。紹興二十七年（1157 年）進士，奉江西監司之命，攝撫州樂安縣尉。針對「多盜」難題，他提出二十條對策，中心是「使其徒相糾，而以信賞隨之」，[34] 群盜果解散。紹興末年，改吉州錄事參軍。此前囚死者，均只裹以草蓆，往往露骨。謝諤建議改用造船場的廢料製成木棺裝斂。時值大災，吉州飢民萬餘求食，官吏不知所措。謝諤豎起五色旗，分部給糶，妥善地開展了賑濟。

隆興初年，謝諤為分宜知縣，全縣累年積欠數十萬，每年除常賦之外，還要加征二萬餘緡，民眾不堪重負。謝諤把這椿弊政報告江南西路監司，請求免除。又奏請減月樁錢。

後擢監察御史。他將家居時創立的義役法，編為一書，奏上。孝宗詔行其法於諸路，民以為便。淳熙十四年（1187 年）遷侍御史，再遷右諫議大夫兼侍講。

光宗繼位，謝諤獻十箴，又論二節三近：所當節者宴飲、妄費；所當近者執政大臣、舊學名儒、經筵列職。紹熙五年（1194年），卒，年七十四。著有《聖學淵源》、《孝史》等。

謝諤為人志於仁，勇於義，不苟責於人，對待婢僕下人同樣待以忠恕。是時理學家各持己見，「各有門牆」，而謝諤不參和其中，只重躬行實踐。他的弟子數百人，隨其才而教導，「未嘗與世之講學者角異同，然學者無不稱為艮齋先生」。他生活儉樸，居室破舊蕭然。嘗說：「人之立志，要以聖賢自期，毫末私意不介胸中，然後能與聖賢相似。」[35]謝諤為文，傚倣歐陽脩、曾鞏，有人評議曰：「南渡後作古文，艮齋先生為天下第一」。

劉清之（1134-1190年），字子澄，學者稱靜春先生。臨江人，然其家已遷居到廬陵（今吉安縣）。子澄從小勤學於「墨莊」，受業於兄靖之。他博極書傳，不專習科舉之業，以力行切己、省察性情、希慕聖賢為務。紹興二十七年（1157年）中進士，準備再參加博學宏詞科考試，及見朱熹，悅服其教誨，遂盡焚備考文字，潛心於道義。在浙江建德縣任主簿，建議讓民戶自己實報其田產，確定稅額，「由是賦役平，爭訟息」。調吉州萬安縣丞，時值大旱，他徒步阡陌，與農民接觸，故而「凡所蠲除，具得其實」。又建議說：眼下有粟之家閉不肯糶，招致「窺伺攘奪者眾也」，不如將全縣均分為八，使有粟者分賑其鄉，「官

35 《宋元學案》，卷二八，《兼山學案》。

為主之，規畫防閑」。[36]以賑災勞績，知撫州宜黃縣。

因參知政事龔茂良與丞相周必大共同推薦，孝宗召清之入對，他直言朝政之弊是：民困兵驕，大臣退托，小臣苟偷。又言用人四事：辨賢否、正名實、使才能、聽換授。事後，通判鄂州。鄂州為大軍駐地，而兵籍多偽，劉清之提議清理，從通判廳開始，命作偽者自己言說而改正。

淳熙十四年（1187 年）清之任衡州知州。逐一革除弊政，前此州衙儘力辦酒宴招待荊湖南路的常平、刑獄二司長官，每月一聚會，互致饋送。他堅決裁抑這種濫吃濫喝，認為「與其取諸民，孰若裁諸公。吾之所以事上官者，唯究心於所職，無負於吾民足矣」。他自己在正常俸祿外，其餘悉歸之公帑，以佐經用。由於清之以身作則，終於改變了衡州「兵無糧，官無俸，上供送使無可備」的困境，使郡計漸裕，民力稍蘇。他立下「究心於所職，無負於吾民」的為官守則，非常平實，十分真切。倘若每個州縣官都能做到無負於民，不以酒食貨財向上官獻殷勤，哪來官場腐敗，百姓何愁憂患。

清之尤重視教化，每月與諸生講學，作《諭民書》推行儒學倫理，衡州民「家有其書，非禮之訟，日為衰息」。又增築「臨蒸精舍」，擴充州學。在此期間他還編撰了《衡州圖經》三卷。由於不向上司獻媚，遭湖南長官厭惡，被誣以勞民傷財，論罷。

他路過潭州（今長沙），看望了朱熹。東去浙江金華，拜會

第九章・「江西學」與江西的著名學者

呂祖謙，在麗澤書院居留數月，講論經義，切磋學問。再回故里，建「槐陰精舍」，接待求學者，渡過約二十年的講學歲月。

清之教人慎擇老師，要看重其品節操行。初，黃幹來見，求教於清之。清之讚賞黃幹，對他說：「子乃遠器，時學非所以處子也」，命他受業於朱熹。清之經常說：「經師易遇，人師難遭」。他對為師者品行的高標準要求，被公認為對學者的忠告。

劉清之關於經師、人師的見解，是對韓愈《師說》的新發展。韓愈《師說》從傳授知識的層面上曰：「師者所以傳道、受業、解惑也」。這裡的「傳道」，是指告訴弟子什麼是道，非謂師自身踐行「道」，故曰：「人非生而知之者，孰能無惑；惑而不從師，其為惑也終不解矣。」韓愈也說：「彼童子之師，授之書，而習其句讀者也，非吾所謂傳其道、解其惑者也」。著眼點仍然是「解惑」。他接著說：「故弟子不必不如師，師不必賢於弟子」[37]。劉清之「人師」見解，正是對此說的修正，他突出「賢」，強調能行道，認為師必須是弟子的楷模。

劉清之告誡弟子：不要攀慕名流，滿足於唸書讀文章，行悖其言，而應該像曾子、顏子那樣規範視聽言動，心憂朝政。他認為「今日之俗，唯知得而忘義」，令人擔憂。

劉清之對諸生講學的方法是：先儒經正文，次訓詁音釋，再介紹前人的議論，現今學者的解說，然後指出能為今用的所在，即所謂「人君治天下，諸侯治一國，學者治心、治身、治家、治

37　韓愈：《昌黎文集》，卷一二《師說》。

人，確然皆有可舉而措之」的內容。這種講學，不僅在教學原則與方法上是優秀的，而且其主導思想是古為今用，追求的是「內聖」與「外王」統一、個人修身與國家治理結合，具有很現實的積極意義。

淳熙十六年（1190 年）光宗即位，詔清之知袁州，而他已病重。卒，年五十七。有《劉清之文策》二十三卷。

李燔（1163-1232 年），字敬子，建昌（今永修）人，李公擇的孫子。紹熙元年（1190 年）進士。未去任學官，而往建陽從朱熹學，謹記朱熹之教：「致遠固以毅，而任重貴乎弘也」，以「弘」名其齋而自儆。任岳州教授，教導生員文武並重，不因時好而改。改襄陽府教授。再從朱熹游。朱熹講學，李燔為助教，「凡諸生未達者先令訪燔，俟有所發，乃從熹折衷，諸生畏服」。朱熹對他的評贊是：「燔交友有益，而進學可畏，且直諒樸實，處事不苟，它日任斯道者必燔也。」朱熹病卒，學禁正嚴，燔不畏風險，率同門弟子前往會葬，毫不畏懼。

李燔應南康軍知軍之請，出任白鹿洞書院堂長，「學者雲集，講學之盛，它郡無與比」。紹定初，任江西轉運司幹辦公事，恰值吉州「洞寇作亂」，江西安撫使李珏、轉運使王補之在剿、撫兩策之間爭論不定。李燔曰：盜寇也是民眾，非必定都惡，之所以為盜，「誠以吾有司貪刻者激之，及將校之邀功者逼成之耳」，消除此弊，則寇皆民矣。他們皆贊成李燔之論，讓他前往處置。李燔駐兵萬安，召集附近諸縣巡尉瞭解實情，撤掉吏胥、隅保土豪中的「尤無良者」，派人進洞說明「逆順禍福」，

使他們接受招撫。[38]返回轉運司署，注意地方利弊，見洪州地低下，常有贛江漲而堤壞，久雨輒澇，李燔建議轉運、安撫使將堤進行了維修。他又認為「社倉之置僅貸有田之家，而力田之農不得沾惠。遂倡議裒谷創社倉，以貸佃人」。向無田之佃農放貸，這是對社倉法的改革發展，足以表明這位理學家純正的精神境界。

紹定五年（1232 年），卒，年七十，諡文定。

李燔與黃幹（福州閩縣人）並稱朱熹高弟。李燔任官時間不長，主要是居家講學，建書堂名曰「耕讀」，培養生徒，士子慕其名，不遠千里而至。他教人重視自我修養：「凡人不必待仕宦有位為職事，方為功業，但隨力到處有以及物，即功業矣。」又曰：「仕宦至卿相，不可失寒素體。」他自身「處貧賤患難若平素，不為動，被服布素，雖貴不易」。李燔的言與行，對為官者磨礪思想，至今不失其教育意義。

張洽（1161-1237 年），字符德，清江縣（今樟樹市）人。求學於朱熹，自《六經》傳注而下，皆究其指歸，至於諸子百家，山經地誌，老子浮屠之說，無所不讀。朱熹讚賞其篤志勤學，對黃幹說：他也是可以付託事業之人，「所望以永斯道之傳，如二三君者不數人也」。[39]在清江縣推行「社倉法」，請求清江縣貸借得常平米二百石，在家鄉建立社倉，賑貸鄉民，六年之

38　《宋史》，卷四三〇，《李燔傳》。
39　《宋史》，卷四三〇，《張洽傳》。

後，收回原米還官，民眾獲利。嘉定元年（1208年）中進士，授松滋縣尉，改袁州司理參軍，治獄斷案，明慎不誤。有兄弟為爭財訴訟，張洽對他們說：冒犯法律求勝，難道比「各守分以全手足之愛」好嗎？懇切之意，使兩兄弟悔悟。知州以倉庫空虛，關押倉吏二十餘家，命張洽鞫治。他偵查到這些人是被袁州都吏陷害。此都吏是袁州的巨蠹，嘗向他們索賄，未得，故以此誣告。張洽核查了倉庾所入，對知州曰：「今校數歲之中（數），所入已豐於昔，由是觀之，胥吏妄矣」。知州醒悟，罷都吏，而免所籍之家。

寶慶二年（1226年），改知吉州永新縣，得悉獄吏受賕，乘機榜笞囚犯，使誣服。張洽將獄吏投進監牢，上報吉州，治其罪。

紹定年間（1228-1233年）江東提點刑獄袁甫，因白鹿洞書院堂長乏人，再次瀕臨廢弛，理請張洽為堂長，負責對書院進行整頓。他去後著重清理了生員和學田兩項，「選好學之士日與講說，而汰其不率教者。凡養士之田干沒於豪右者復之」，使書院又一次興旺發展起來。

嘉熙元年（1237年）以疾乞致仕，十月病卒，年七十七，諡文憲。

張洽治學用力於「敬」，以「主一」為書齋名。平常與眾人無異，至義所當為，則勇不可奪。著有《春秋集注》、《春秋集傳》、《左氏蒙求》、《續通鑑長編事略》、《歷代郡縣地理沿革表》等書。今只存《春秋集注》，該書綱領一卷，集注十一卷。端平元年（1234年），朝廷得知張洽家居著此書，命臨江軍守臣以禮

延訪，齎紙札膳寫以進，以其書付秘閣，除張洽知寶章閣。該書原有集傳、集注兩部分，集傳為漢唐以來諸儒之議論，取其足以發明聖人之意者，附於每事之左；集注仿朱熹注《論語》、《孟子》，會其精意，詮次其說。明朝永樂以後僅存《春秋》集注，遺失集傳。

傅夢泉（？-？），字子淵，號若水，南城人，《槐堂諸儒學案》領銜學者。為人機警敏悟，剛介有立，師從陸九淵。少年時曾習科舉業，受挫返歸，潛心力學。聽說陸九淵教人的要領，只在「辨志」一事，深受啟發。登門求教之後，進一步知道入德之途徑「只在義利」，於是潛心於志向品德修養。陸九淵品評弟子中的優秀者，以傅夢泉為第一。

淳熙二年（1175年）傅夢泉再次赴考，中進士。授湖南衡陽教授，士人多與之交遊。轉運使陳傅良聽其講學，贊同其說。夢泉與周必大書面交流，有「論道」的五封書信，陸九淵看後，稱讚傅夢泉是「擒龍打鳳手」。慶元二年（1196年）知贛州寧都縣，施行道義教化，使「難治」的縣政大有轉變，周必大評他「仕學兼優，不崇空言」，「有西漢循吏之風」[40]。遷臨江軍通判，卒於任所。著有《石鼓文》。

夢泉曾在曾潭之滸講學，學者稱曾潭先生。初尊陸九淵之教，後在荊州見張栻，又見朱熹於星子，得二人教誨，不安於九淵之說，比較思索達十年。及到衡陽之後，才深信陸學不疑。陸

40　周必大：《文忠集》，卷五五，《送曾明發序》。

九淵評傅夢泉的學術見解：「疏節闊目，佳處在此，其病處亦在此」。傅夢泉在臨江有治績，卒時，清江縣士大夫在縣學繪其像而祀之。四十餘年後，江南西路長吏將傅夢泉的學行奏報朝廷，詔建祠於清江玉虛觀之側。真德秀評傅夢泉是「德譽藹於州閭，學問稱於師友」，比較那些名不齒於父老的高官、行不能使奴僕信服的名流，是截然兩回事。

黃灝（？-1201 年）字商伯，南康軍都昌縣人。幼敏悟強記，在荊山僧舍讀書三年，後入太學。紹興三十年（1160 年）擢進士第。孝宗時，先在南昌任隆興府教授，之後為德化縣（今九江）知縣，以振興學校、崇尚教化為本。乾道、淳熙年間，江州地方多水旱災，饑饉連年，黃灝施行賑濟，頗著成效，受到上官推薦，入朝，升任登聞鼓院。光宗即位，黃灝遷太常寺簿，升太府寺丞。

慶元初年，出知常州，提舉浙江東路常平。時值秀州海鹽一帶大災，農民「伐桑柘，毀屋廬，莩殣盈野，或食其子持一臂行乞，而州縣方督促捕欠」[41]。重災之中的飢餓者，已經逼到吃人肉的絕處，而官府依然催徵賦稅。黃灝對此殘酷情狀，傷心感嘆之餘，在朝廷下達「倚閣夏稅」命令之時，奏請秋苗一併不征，沒有等到批文，他就執行了。這觸犯了韓侂冑的權威，被彈劾其專擅，謫居筠州（今高安），貶入「偽學」黨籍中。不久，改為「止削兩秩，而從其躑閣之請」。

黃灝回歸都昌，一身平民儒者的裝束，騎驢在廬山林間，好像一個老隱士。後復起，知信州，改廣西轉運判官，移廣東提點刑獄。他告老，不赴廣州。病卒，諡文簡，有《西坡集》四十捲。

黃灝性行端飭，以孝友著稱。淳熙六、七年間，朱熹知南康軍，灝執弟子禮，恭敬求學，質疑問難。慶元六年（1200 年），朱熹病沒，黃灝不顧「黨禁」森嚴，單身前往弔祭，徘徊不忍離去。

在《宋史・道學》中，「朱氏門人」卷中只寫了六名，福建三名：黃幹、陳淳、李方子，江西三名，即李燔、張洽、黃灝。朱門弟子眾多，只選出這幾個記述，足見其備受關注。然而，傳文介紹的事蹟以政績居多，講學及其思想理論的述評很少，又一次證明，這些朱門弟子，並非空談心性的迂儒、腐儒，他們是朱門學者，更是有理學素養的政治活動家，或曰進能儘力行道，退則善於修身。

柴中行（？-1225 年），字與之，余干人。紹熙元年（1190年）進士，授撫州軍事推官。韓侂胄禁道學，轉運司要柴中行考校文章，但需聲明自己不是偽學，他提筆疾書：「自幼讀程頤書以收科第，如以為偽，不願考校」。唯求其是，不阿權勢的風骨，躍然紙上。

嘉定初（1208 年）為太學博士。對寧宗說：現狀是主威奪而國勢輕；士大夫寡廉隅、乏骨鯁；權臣用事，包苴成風等惡劣舊習，今天猶在。出知光州，他嚴保伍，精閱習，增闢屯田，使城壕營砦、器械糧糧都整飭完備，在淮右各州中居最。

改直秘閣、知襄陽兼京西帥，襄陽兵政久弛，舊額二二〇〇人，存者才半，柴中行亟招補壯丁，補足虛額。

入朝為吏部郎官，擢宗正少卿，崇政殿說書。論及時事，認為關鍵在整治朝廷大臣，消除私謁得官、掩飾欺矇之弊。

理宗即位（1225 年），以右文殿修撰主管南京鴻慶宮。卒。謚獻肅（一作獻敏）。

柴中行以儒學出名，與弟中守、中立講學於余干縣南溪，從游者有湯漢、饒魯等數百人，因稱南溪先生。爾後湯氏兄弟之學，並出於柴中行。著有《易系集傳》、《書集傳》、《詩講義》、《論語童蒙說》。

饒魯（？-？），字伯輿，一字仲元，餘干人。《雙峰學案》的領銜學者。幼年已好學，後師從黃幹、李璠。黃幹問：《論語》「學而時習之」的「習」是如何用功？他答：「當兼二義，繹之以思慮，熟之以踐履。」黃幹讚賞，大器重之。黃幹得朱子真傳，而饒魯則是黃幹在江西的正宗弟子，由饒魯而下傳元代的吳澄，形成一股學術洪流。但，饒魯不因襲成說，其學「本出於朱熹，而其為說，多與熹牴牾」。[42]

饒魯曾經以《易經》參加科舉，不第，遂歸家自修，專意求學，以致知力行為本，教授於鄉里，是有名氣的鄉先生。趙汝愚曾孫趙良淳「少學於其鄉先生饒魯，知立身大節」。理宗寶祐二年（1254 年）二月，詔「饒州布衣饒魯，不事科舉，一意經學，

42　《元史》卷一八九，《胡一桂傳附胡炳文》。

補迪功郎、饒州教授」[43]。當時「偽學」之禁解除，理學受到重視，他受「四方聘講無虛日」，先後主講於東湖、白鹿洞、西澗、安定諸書院。又在自家作「朋來館」招待來學士人。在他建築的石洞書院前面，有兩座山峰，因號「雙峰」。門人私諡曰文元。饒魯勤於著述，有《五經講義》、《語孟紀聞》、《春秋節傳》、《學庸纂述》、《太極三圖》、《庸學十二圖》、《西銘圖》、《近思錄注》。

饒魯教人讀書不能只停留在字面上，溺心於章句訓詁，必須領會其旨意，「聖人所以作經之意，是上面一層事，其言語則只是下面一層事。所以謂之『意在言表』。若讀書而能求其意，則由辭以通理，而可上達。若但溺心於章句訓詁之間，不能玩其意之所以然，則是徒事於語言文字而已，決不能通其理也」[44]。饒魯對門生的要求，既用聖賢成訓，也參用前人所定規則，做到綱領與細則結合。寶祐六年（1258年），他將朱熹《白鹿洞教條》和《程董二先生學則》合併公布於書院，告訴門生說：「今合二者而並揭之，一則舉其學問之宏綱大目，而使人之知所用力；一則定為群居日用之常儀，而使人有所持循。即大、小學之遺法也。學者誠能從事於此，則本末相需，內外交養，而入道之方備矣」[45]。饒魯弟子眾多，元代程鉅夫、吳澄、揭傒斯、趙孟頫等

---

43 《宋史》，卷四四，《理宗紀·四》。

44 （元）程端禮：《程氏家塾讀書分年日程》，卷三，黃山書社一九九二年版，第155頁。

45 《程氏家塾讀書分年日程》綱領，第5頁。「程董二先生學則」，程端

學者皆其門下。

　　湯千（？-？），字升伯，安仁（今餘江）人，《存齋、晦靜、息庵學案》領銜學者。父湯德威博通古學，湯千盡得家學之傳。少年時在鄉先生門下讀書，聽講先朝名臣言行，輒羨慕其為人。後師從柴中行，又師事真德秀。慶元二年（1196 年）進士。任南劍、嘉興郡學教授，每天與諸生講論道義，空閒時去諸生齋房諮詢答問。「雖吏胥、市人子，有可教者，亦收置黌序，親授經史」。改通直郎、知湖州武康縣，未上任，卒，年五十五。

　　湯千性格恬靜，學識淵博。精思而踐行，不進不已。其清純的精神境界，真德秀譽為「君似天空明月秋」。在門戶之爭激烈的時候，他在理宗淳祐年間，與真德秀討論洙泗伊洛之源流，以及朱陸之異同，能融會貫通，兼取所長，得出自己的見解，是最先「和會朱陸」之人。他的侄子湯漢，進一步闡明「和會」的見解。湯千初號隨適居士，後改號存齋。著有《文集》二十卷，《泮宮講義》二卷，《史漢雜考》二卷，《記聞》十卷，《楮幣罪言》一卷。其弟湯巾（晦靜先生），字仲能，嘉定進士；湯中（息庵先生），字季庸，寶慶進士，都是柴中行、真德秀的門人，都以理學聞名，人稱三湯子。

　　湯漢（？-？），字伯紀，安仁（今餘江）人。得到柴中行、

蒙、董銖所作。程端蒙，字正思，號蒙齋，鄱陽人，朱熹門人。淳熙七年（1180 年）對策不合，罷歸，專意理學。董銖，字叔重，稱盤潤先生，德興人，學於朱熹，嘉定年間中進士。

真德秀、趙汝談等讚譽，因江東提刑趙汝騰的推薦，免解試，差充象山書院堂長。淳祐四年（1244 年）赴禮部別院試，中進士，授上饒縣主簿。江東轉運使趙希堅上奏：湯漢是「海內知名士」，升為信州教授兼象山書院長。淳祐十二年（1252 年）差充史館校勘，改國史實錄院校勘。因漲大水，湯漢上奏批評理宗：不當懷私恩，不當隆私親，不當信私人，不當有私令，不當殖私財。授太學博士，又上言：紀綱必先正，根本必先強，藩籬必先固。

召試館職，遷秘書郎。湯漢再次極言邊事，以為扶危救亂之策，在乎人主清心無慾，盡用天下之財力以治兵；大臣公心無我，盡用天下之人才以強本。

度宗即位（1265 年），遷起居郎兼侍讀，奏言：願陛下持一敬心以正百度，政事必出於朝廷，而預防於多門；人才必由於明揚，而深杜於邪徑。

後出知寧國府，歷刑部侍郎、知福州兼福建安撫使，知太平州。以端明殿學士致仕，卒，年七十一。諡文清。有文集六十捲。

湯氏是饒州安仁望族，但是以科舉出仕只是最近一、二代的事，故而其父輩仍然說「家故清貧」。其家「闔門數百指」，過著合食生活，「疏食菜羹，同堂一飽」。

歐陽守道（1200-1273 年），字公權，一字迂父，號巽齋，廬陵人。《巽齋學案》領銜學者。少孤貧，無師，自力於學。裡人聘為子弟師，主人見他吃飯時必將肉留下，帶歸給母親吃，遂為其母饋送一份，他才肯肉食。年未三十，翕然以德行為鄉郡儒

宗，對地方文教發展作出了很大的貢獻。江萬里守吉州，正值歐陽守道參加鄉試，萬里獨讚譽守道。淳祐元年（1241 年）中進士。江萬里作白鷺洲書院，首致守道為諸生講說。湖南轉運副使吳子良聘歐陽守道為岳麓書院副山長。他升堂講學，闡明孟子正人心、承三聖之說，聽講者悅服。繼任白鷺洲書院山長。江萬里為國子祭酒，薦歐陽守道為史館檢閱，召試館職，授秘書省正字。遷秘書郎，奏言需使中外臣僚「無復前日言利之風」，被罷。守道徒步出錢塘門，唯書兩篋而已。

度宗立，以特旨，給歐陽守道食祠祿。咸淳三年（1267年），少傅呂文德薦舉九十六人，歐陽守道名列其中。添差通判建昌軍，遷著作郎，卒。

歐陽守道篤行仁義，學者譽為廬陵之醇儒，讚揚他「持論咸有根柢，非苟立同異」。從關注地方利弊，對吉州的賦役徵收、盜賊興滅、城中疫病等，提出過有益的建議；對書院教育、貢士莊的建立，發表過有啟發的意見。吉贛等地墓葬風水盛行，他以純正的儒學功底，深入其中，站在更高的理論角度，闡述了很多精闢見解。他以鄉先生的親身經歷，特別看重婦女在家庭教育中的作用，讚譽「墨莊」陳夫人、歐公母鄭夫人的貢獻，說「江西名家劉、歐陽最居先，皆有賢母。陳夫人以墨莊教子，鄭夫人以荻書教子。陳夫人有墨莊，故諸子之為學也易；鄭夫人唯荻書，故六一公長成，借書於鄰李氏子家，是則歐陽難也」。[46]文天

46　歐陽守道：《巽齋文集》，卷二二，《題墨莊陳夫人賢慧錄》。

祥、劉辰翁、鄧光薦等皆其門人，由此可以反觀歐陽守道的文章氣節。

二 史學家、方志學家

洪皓（1088-1155 年），字光弼，鄱陽人。建炎三年（1129年）八月出使金朝，被拘留，紹興十三年（1143 年）回歸。因忤逆秦檜，被貶降，安置英州（今廣東英德），至紹興二十五年卒。

他保存帶回的只有一篇關於金朝官制的《金國文具錄》，以及少數詩文，一些流散北方的文物珍品，如唐人畫《驪山宮殿圖》，姚康《登科記》，徽宗宣和殿的少數書畫。[47]

安置英州期間，洪皓和兒子們談話「稍亦談及遠事」，憶起在金國的經歷。他口述拘留期間的見聞，由長子洪适筆錄成《松漠紀聞》二卷。先是，洪皓被金朝拘留十五年，長期與金人相處，所居冷山距金上京會寧府才百里，又曾經為悟室兒子教書，故而知道了不少金朝的典章制度，體驗了當地民情風俗，得悉不少女真族人的遺聞軼事，隨時纂錄成集。在將回歸之際，因怕途中被金人搜檢，歸計受阻，遂付之一炬。南歸後，又遭貶謫，遺忘不少，僅憑記憶，將「不涉今日強弱利害」的雜事，記錄整理而成。這部記聞原本可以更豐富，不該只有「數十事」（四庫全書本《松漠記聞》正續兩卷，包括補遺，共六十二條），但因秦

47　洪适：《盤洲文集》，卷七四，《先君述》。

檜箝制社會輿論，多次下令「禁私作野史，許人告」，洪氏父子為免遭新的禍害，中止了關於金國見聞的談話記錄[48]，已經記下的也秘不敢傳。直至紹興末年，洪适重加校勘為正續二卷。乾道九年（1173年），洪遵再將自己在英州聽說過的事情增補進去，共計十一條。現存全書共約七十條。該書所述金人早期資料，多為正史採納，如敘金太祖起兵本末，《遼史・天祚紀》頗用其說；關於熙州龍見一條，《金史・五行志》全文採入。由於有的得自傳說，兼不曉音譯，故有怪異失真之處，但洪皓長期生活在金人之中，目睹耳聞得來，究竟不是鑿空妄說者可比。

洪适（1117-1184年），字景伯，洪皓長子。留意金石之學，專注於隸書研究，以三十年精力蒐集古碑刻，著成《隸釋》二十七卷、《隸續》二十一卷。《隸釋》寫成於乾道二年（1166年），三年刻印。洪邁《跋》稱：「所藏碑一百八十九，譯其文，又述其所以然」。《隸續》完成於淳熙七年（1180年）。鑒於隸體文字缺乏工具書，洪适此書，即為考證漢代以來古碑的隸書而作，結合史傳研究碑刻隸書字和事實。每篇皆依碑文而寫，「既法其字為之韻，復辨其文為之釋」[49]，在隸書字下說明是楷書某字，同時考核論證相關的史事。四庫全書編者指出：「自有碑刻以來，推是書為最精博」。

洪适自序其寫作緣起：「本朝歐陽公、趙明誠好藏金石，刻

48　《盤洲文集》卷六二，《題松漠記聞》。
49　《盤洲文集》卷三四，《盤洲老人小傳》。

第九章・「江西學」與江西的著名學者

漢隸之著錄者。歐陽氏七十五卷，趙氏多歐陽九十三卷，而闕其六。自中原厄於兵，南北壤斷，遺刻耗矣。予三十年訪求，尚缺趙錄四之一，而近世新出者亦三十餘，趙蓋未見也。既法其字為之韻，復辨其文為之釋，使學隸者藉書以讀碑，則歷歷在目，而咀味菁華，亦翰墨之一助」[50]。由於洪适精於史事考證，故而《隸釋》、《隸續》對訂正史傳舛異，大有幫助。

洪遵（1120-1174 年），字景嚴，洪皓仲子。著有《泉志》十五卷，專門研究古錢幣。書中彙輯歷代錢幣圖形，類分九品，不論是中原王朝還是周邊地區，凡有文字可記、形象可繪者，莫不畢載，頗為詳博。洪遵把金石學的研究領域擴大，由此生發出錢幣學研究新園地，而《泉志》是現存最早的錢幣學專著。其中用三卷專門記述外國錢幣，關於越南丁朝、前黎朝錢幣的記載和考證，為後人進一步研究越南早期鑄幣，提供了珍貴的參考資料。

其自序稱「嘗得古錢百有餘品」，這是他親見的，當然可以畫出圖形。其他的或者未有實物，或者純屬虛無。如虞夏商時代是否使用錢幣，史書不見記載，而洪遵認定有，並依照周代的「形圓函方」錢繪出圖形。至於道書所說天帝用錢，本屬俚妄虛構，洪遵卻也想像出了圖形，更是荒誕。《泉志》的疵點，給後人留下了鑒戒。

徐夢莘（1124-1205 年），字商老，臨江軍清江縣人。幼慧，

---

50 《盤洲文集》，卷三四。

耽嗜經史，下至稗官小說，寓目成誦。紹興二十四年（1154 年）進士。為南安軍（今大庾縣）教授。改知湘陰縣。湖南安撫使施行「括田」，清查耕地，藉以增加田賦，各縣皆奉令唯謹，嚴厲追查。夢莘獨報告說：沒有新增田地，租稅無從加多。安撫使很惱怒，說他「私於民」，欲從簿書文案中找他的過失，終莫能得，因而器重夢莘。改官廣西轉運司主管機宜文字，隨轉運使參加二廣鹽法改制會議，廣西安撫司幹辦官胡廷直主張全部改為通商，夢莘認為應區分山區、平原，分別實行官賣和通商的政策。胡廷直堅持己見，並「以客販變法」升為轉運使。徐夢莘遂離開轉運司，改知賓州，仍然被指責「梗法」，罷官。不到三年，「二廣商賈毀業，民苦無鹽，復從官般法」[51]。

　　夢莘對官位看得很淡，縈繞心中的是靖康之亂。他四歲時江西遭戰禍，由母親背著逃亡，免去一死。為探究時局動亂原因，他發憤思索，「網羅舊聞，會粹同異」，編著《三朝北盟彙編》二五〇卷，自政和七年（1117 年）徽宗與金人訂盟，聯合攻遼，下訖紹興三十一年（1161 年）完顏亮之死，上下四十五年，凡有關宋、金兩朝和戰關係的敕、制、誥、詔、國書、書疏、奏議、記序、碑誌，登載無遺。史官奏言此書有益於史筆，孝宗擢夢莘直秘閣。今查，《三朝北盟彙編》引書一〇二種，雜考私書八十四種，金國諸錄十種，共一九六種，而文集之類尚不在內。凡宋金通和、用兵之事，悉為詮次本末。全書年經月緯，按日臚

51　《宋史》，卷四三八，《徐夢莘傳》。

載，資料皆全錄原文，無所去取，亦無所論斷，固而是非並見，同異互存，有利於讀者採擇。該書為研究宋代抗金戰爭、金朝的制度風俗等，提供了豐富的原始資料。四庫提要指出：是書「自汴都喪敗，及南渡立國之始，其治亂得失，循文考證，比事推求，已皆可具見其所以然。……要其博贍淹通，南宋諸野史中，自李心傳《系年要錄》以外，未有能過之者」。

徐夢莘平生著作還有《集補》、《會錄》、《讀書記志》、《集醫錄》、《集仙錄》。其嗜學博文，孜孜不倦，死而後已。開禧元年（1205年）秋八月卒，年八十二。

徐得之，字思叔，號西園先生，夢莘之弟，淳熙十年（1183年）進士[52]。得之堅守「安貧樂分，不貪不躁」的做人信念。有廉吏之稱，獲上司推薦。著有《左氏國紀》、《史記年紀》、《具敝篋筆略》、《鼓吹詞》、《郴江志》諸書。《左氏國紀》按東周各諸侯國排列敘事，因事而為之論斷，溫州陳傅良為其寫序，說他讓讀者發現《春秋》記載「某國事若干，某事書，某事不書，較然明矣，於是致疑，疑而思，思則有得矣」，是書「殆有功於左氏者也」[53]。《左氏國紀》二十卷，原書已失傳。

徐天麟，字仲祥，得之次子，開禧元年（1205年）進士，延試第六人。歷官撫州教授，湖廣總領所幹辦公事，臨安府教

---

52 徐得之、徐筠父子同年中進士，《宋史·徐夢莘傳》記作淳熙十年，而樓鑰《攻愧集·西漢會要序》作「淳熙十一年同登第」，光緒《江西通志·選舉表》記在淳熙十二年。此中差異，不明原因。

53 陳傅良：《止齋集》，卷四〇，《徐得之左氏國紀序》。

授，浙西提舉常平司干官。入朝主管禮部、兵部架閣，宗學諭，武學博士。輪對，向寧宗說「人主當持心以敬」。後為惠州通判，潭州通判，權英德府，權發遣廣西轉運判官。所至興學校，明教化，有惠政。更潛心著述，公務之暇，翻閱漢代史籍，並旁貫諸書，著有《西漢會要》七十卷、《東漢會要》四十卷、《漢兵本末》一卷、《西漢地理疏》六卷、《山經》三十卷。

《西漢會要》是徐天麟研究漢代典章制度二十餘年之碩果，嘉定四年（1211 年）為撫州教授時奏進。他仿照《唐會要》體例，總為十五門，分三百六十有七事。資料取材以班固《漢書》為主，又旁取荀悅諸書，參考異同，將散於紀、傳、表、志之間的典章文物，立法定製，清晰地編制了出來。樓鑰《西漢會要序》指出，該書「無一事不錄，無一語無據，條列臚分，秩然有敘。開卷一閱，而二百餘年之事歷歷在目」，超出同類之上，「士夫之好古者無不欲錄而藏之」[54]。徐天麟上表奏進之後，寧宗詔付尚書省藏之秘閣。

《東漢會要》是徐天麟官武學博士時寫成，於寶慶二年（1226 年）奏進。該書體例與《西漢會要》相同，列十五門，分三百八十四事。《西漢會要》不加論斷，而此書間或附以按語及雜引他人論說。他據范曄《後漢書》為底本，而旁貫諸家，排比整齊，深有裨於考證。其自序說：「劉昭因曄遺緒以注補之，今八志所述綱目粗備，然食貨、兵、刑、學校、選舉之類，皆缺弗

54　樓鑰：《攻愧集》，卷五三，《西漢會要序》。

著，學者病焉。臣不量疏謬，復茲編綴……凡八志已詳者，今特撮其綱要，志所未備者，則詳著本末，又間以己見為之論述」。四庫館臣指出，《後漢書》八志其實是司馬彪《續漢書志》，不是劉昭補註的，這是失於檢點，「然其大體詳密，即稍有踳駁，固不足以為累也」。

徐筠，字孟堅，得之長子，與父同年中進士。曾任廣西全州知州，著《漢官攷》。又記錄陳傅良所講說，寫成《周禮微言》十卷。樓鑰贊其「昆仲父子間，四書俱行於時，俱有益於世用」。徐夢莘兄弟父子四人，皆以詩書發身，以史學名家。晚年皆掛冠家居，為鄉里標表。

章穎（1141-1218 年），字茂獻，臨江軍新喻人。以兼經中鄉薦。孝宗下詔求言，穎為萬言書，禮部奏名第一，孝宗稱其文似陸贄。調道州教授，召對，除太學錄。因言事過激，久不遷。後除左司諫。

光宗時，右相葛邲當國，章穎論邲不足任大事，凡二十餘疏。光宗稱章穎「是好諫官」。寧宗即位（1195 年），除侍御史兼侍講，權兵部侍郎。韓侂胄排擠趙汝愚，寧宗問曰：「諫官有言及趙汝愚者，卿等謂何」？同列漫無可否，而章穎言：「國勢未安，未可輕易進退大臣，願降詔宣諭汝愚，無聽其去」。[55]於是，被彈劾與趙汝愚結黨，罷官。「慶元黨案」從此開始。

章穎家居多年之後，起知衢州，尋知贛州，又遭御史劾罷。

55　《宋史》，卷四〇四，《章穎傳》。

韓侂胄誅，章穎任集英殿修撰。累遷刑部侍郎兼侍講，他奏請修改《甲寅龍飛事蹟》，即糾正記述紹熙五年（甲寅，1194 年）寧宗繼位中的誣筆。除吏部侍郎，遷禮部尚書，升侍讀，受命對《玉牒辨誣》、《甲寅龍飛記》及趙汝愚所記事項，考訂削誣。嘉定十一年（1218 年）卒，年七十八。諡文肅。

章穎操履端直，生平風節不為窮達所移。朱熹在黨禁時寫信給章穎：「世道反覆，已足流涕；而握其事者怒猶未已，未知終安所至極耶？然宗社有靈，公論未泯，異日必有任是責者，非公吾誰望耶！」開禧二年（1206 年）章穎寫成《中興四將傳》，評述劉錡、岳飛、李顯忠、魏勝四將抗金事蹟。其《進中興四將傳表》說寫作動機：「庶幾聳動於四方，張大國家之威，發舒華夏之氣。事雖已往，可為鑒於將來」。後來他擴充為《南渡十將傳》，補充了韓世忠、張俊、虞允文、張子蓋、張宗顏、吳玠六將的事蹟。他在任道州教授期間，撰有《舂陵圖志》十卷。

張敦頤（？-？），字養正，婺源人。紹興八年（1138 年）進士，由南劍州學教授，歷官舒州、衡州知州，致仕。為補《金陵圖經》缺少文字記述，張敦頤於紹興三十年（1160 年）寫成《六朝事蹟編類》兩卷。該書內容分十四門，依次為總敘、形勢、城闕、樓台、江河、山岡、宅舍、簽記、靈典、神仙、寺院、廟宇、墳陵、碑刻。資料引據頗為詳核，尤其是碑刻資料，有考證史事的價值。可議之處是書名「六朝事蹟」，而南唐、北宋的古蹟全都具載其中，殊失斷限。關於北伐的見解也有問題，其總敘中的「六朝保守」篇，歷敘南朝只可偏安，不能北伐，北伐必敗，即使僥倖勝了亦不能守住。這是紹興間力主和議思潮的

反映，見識未免卑懦。

羅濬（？-？），盧陵人，任贛州錄事參軍期間，於寶慶二年（1226 年）編撰了《寶慶四明志》二十一卷。先是，乾道中，知明州張津始纂輯《四明圖經》，而搜採未備。寶慶二年胡榘知慶元府（今浙江寧波）兼沿海制置使，覆命校官方萬里，因圖經舊本重加增訂，又沒有做成功。這時，恰好羅濬出遊四明，胡榘與他為同裡老鄉，「遂屬之編定」。他以一五〇日而書成，前十一卷為郡志，分敘郡、敘山、敘水、敘產、敘賦、敘兵、敘人、敘祠、敘遺九門，各門又分立子目，共計四十六目。第十二卷以下則為鄞、奉化、慈溪、定海、昌國、象山六縣誌，每縣俱自為門目，不與郡志相混。因為當時明州雖建府號，而不置倚郭之縣，故州與縣各領疆土。各縣的門目多少，自以內容而定，不統一編制。該志編撰體例，為後來元朝袁桷修《延祐四明志》據為藍本，多所採用。

周應合（1212-1280 年），洪州武寧人，自號溪園先生。淳祐十年（1250 年）進士，官至實錄院修撰，因彈劾賈似道，謫降饒州通判。咸淳四年（1268 年），通判寧國府。德祐元年（1275 年）知瑞州。至元十七年（1280 年）卒，年六十九。

開慶元年（1259 年）周應合充江南東路安撫司幹辦公事，兼明道書院山長。此前，他在荊湖安撫使幕下，編纂了《江陵志》。景定二年（1261 年）二月，他應江東安撫使馬光祖之請，獨力編纂了《景定建康志》五十卷，在中國古代地方誌事業中，作出了重大貢獻。

建康府，原名金陵，建炎二年（1128 年），高宗趙構建行宮

於金陵，改為建康府，設江南東路安撫司以治之，為長江下游重鎮。乾道、慶元間兩次編輯建康志，而記載尚多缺略，對照《六朝事蹟》、《建康實錄》，相互又多不合。馬光祖要求他以乾道、慶元兩志為基礎，會合為一，補充慶元至景定六十年間的事蹟，「正訛補缺」，編撰新志。他以有病推辭，馬光祖說：你撰修的《江陵志》，「圖、辨、表、志粲然有倫，輕車熟路，今何辭焉」。他要求多人合力進行，馬不同意，遂獨力纂修，於三月開始，夜以繼日，確屬人孤力單，一個月後將兒子周天驥、女婿吳疇調來幫助校讎，如期在七月成書。

《景定建康志》用《江陵志》之凡例，首為留都四卷，次為圖、表、志、傳四十五卷，末為拾遺，合計五十卷。其中留都錄、地理圖及地名辨、年表、官守志、儒學志、文籍志、武衛志、田賦志、古今人表傳、拾遺共計三十七卷，皆乾道、慶元兩志之所無；疆域志、山川志、城闕志、祠祀志共十二卷，因前志之所有者十之四，增其所無者十之六。克服了「前志散漫而無統，無地圖以考疆域，無年表以考時世，古今人物不可泯者，行事之可為勸戒者，詩文之可以發揚者，求之皆闕如也」諸弊病。全書援據該洽，條理詳明，凡所考辨，俱見典核，是中國古代地方誌中的精品。馬光祖序稱周應合「博物洽聞，學力充贍」[56]，確非虛言。

周應合在與馬光祖商量編撰事宜期間，提出了詳細的修志工

56　周應合：《景定建康志》，馬光祖序。

作建議：一曰定凡例，二曰分事任，三曰廣搜訪，四曰詳參訂。
這四條內容很具體，切實可行，馬光祖全都贊同。從修志工作實
際考察，周應合的建議具有普遍性，至今不失參考價值。

三 地方誌與家譜的編修

南宋時期，江西不少州縣官員和地方人士編纂了地方誌，已
知的有：

《旴江志》，紹興中建昌知軍胡舜舉作。

盧陵、吉水、泰和、安福、永新、永豐、龍泉、萬安縣誌，
慶元間吉州知州趙善譹命貢士王子俊、許景陽等分纂，「附於益
公郡志之後」。

《饒州志》，嘉定間知州史定之著。

《羅山志》（崇仁），嘉定十六年（1223 年）崇仁羅鑑撰。

《豐水志》，（豐城）寧宗時豐城王孝友撰。

《上饒志》，淳祐間信州知州章鑄撰。

《江西圖經》，南宋中期臨川謝源修。

《袁州志》，嘉定間修。

《撫州志》，淳熙年間修，《宋會要輯稿》食貨中轉載了其中
的稅課文字。

據《直齋書錄解題》、黎傳記《江西方志通考》的記載，確
知為南宋纂修的州縣誌書，還有贛州、江州、臨江軍、臨川、浮
梁、于都等二十餘部。

北宋中期，士大夫之中興起修家譜活動，到了南宋漸趨普
及，見於記載的譜籍比北宋顯著增多。盧陵歐陽氏一姓的族譜，

歐陽守道過目的已有六、七大部，在清江、宜春以及湖南長沙的分支家族，也各自修了譜。文天祥為友人寫了不少家譜的序、記、跋，如《李氏族譜亭記》、《燕氏族譜序》、《瑞山康氏族譜序》、《盧陵蘅塘陳氏族譜序》、《跋彭和甫族譜》、《跋吳氏族譜》、《跋李氏譜》等。

會有普遍修譜的風氣，主要是因為社會相對穩定，官紳學者們認為「私家世次之絕續，繫於天下世變之盛衰」。宋代二、三百年間，雖有金滅北宋的大變故，江南大地總體上是完整的，江西地區遭受的戰亂破壞又比較少，故而祖先世次、人口增殖、墳塋地址等均可知曉。中等家庭的經濟狀況上升，文化水平提高之後，士大夫對家族歷史有了更濃厚的興趣，尋找家族精神資源的慾望相應提高。所以，南宋人認為，以自家而論，「十世之間，幸而有可考者，由吾宋承平之時以致於今也」。如果再上溯至唐五代，想知道而不可得了。

還有一個次要原因是，各房族的譜對遠代世次的記述多有歧異，難有大家認同的說法，既然不能從某一部譜牒中得到自家的真實來歷，那就另編一部，各自崇信自己的祖宗世系。於是就像盧陵歐陽氏，大家認同唐代中期以前的老祖，而中間分派的說法不一，致使「同姓亦各有譜，往往出以相示，參較上世，率不相合，皆無一本略同者」[57]。歐陽守道不滿於此，希望「遍與諸家借聚」，通過對勘得出一個共同的結論。這個平民學者的見解不

57　歐陽守道：《巽齋文集》，卷一九，《書歐陽氏族譜》。

錯，但是很難不到。世世代代的人口繁衍，不停的房族析分，子孫科舉出仕，加上離亂所致的頻繁遷徙，等等，企圖編撰同宗、同姓人全都稱讚的通譜，談何容易。

從思想領域估量，強調踐行聖賢之道的學者，把聚族看做是貫徹倫理道德，在他們的宣傳促進下，譜牒自必增多起來。新淦縣郭氏設置了「敍譜堂」，供郭氏大家族聚會之用，各房代表來時攜帶家譜，在此展示本房的輩分，校正枝分派別的源流，增強彼此之間的親情友誼。黃幹對此有較高評價，不光是鼓勵郭氏家族，同時也是提倡其他家族跟著走。

家譜多起來了，家譜中的問題隨之而來。除了偽冒之外，主要是記述較遠的世系不準確。歐陽脩受到舉世景仰，他率先編撰的歐氏譜成瞭解剖對象。歐陽守道指出，歐譜所記世次不可信：唐初至黃巢之亂約二六〇餘年，「唐帝且十有六傳，而吾家才四世」。南唐始終不過四、五十年，「何四五十年之近，而吾家已十四世也」。為什麼會如此？他認為，一是因為世亂，「世遇亂離，人不自保，遂使子孫不得盡知先世之所從來」；二是因為掌握的資料不足，「文忠公遊宦四方，歸鄉之日無幾，其修譜又不暇咨於族人，是以雖數世之近，直下之派而屢有失亡。最後獨質之呂夏卿，以為的據。夏卿雖博學，安能盡知他人世系之詳哉」。

還有一個原因，是仕宦於四方所致。文天祥從士大夫散居四方來分析，他說：繼歐公之後修譜者很多，「而求其鑿鑿精實，百無二三」，其原因是士大夫科舉出仕，「以官為家，捐親戚，棄墳墓，往往而是」，不在鄉里生活，必然不清楚家族的世系傳承。文天祥在審讀友人家譜之時，想到自家的事，文氏本出成都

文翁，自出蜀以來，仕宦四方，先人墳墓不在目前，故易出錯。他設想，致仕之後，將六、七世墳墓可考者，依照蘇洵《族譜引》編出文氏譜，以便「子孫執為典要」。

社會戰亂，百姓流離，破壞了祖孫世守園塋的自然經濟生態環境，這是招致譜牒世系不清、不准的破壞性原因；出仕為官，捐親棄墓，大範圍分支析居，有教養的人口加速流通，也可能使遠代的世次錯亂，則是社會前進中的事項。積累各自的小房譜，可以彌補這點空缺。

在假冒聖賢、攀附權貴成風的修譜氣氛中，有人不認「亂臣賊子」先祖，如福建泉州蔡氏，後代派分兩支，一派蔡襄（君謨），一派蔡京，而蔡京的子孫慚愧蔡京所為，往往對別人說自己是蔡君謨之後。吉州彭氏與眾不同，不因彭玕被指為反叛者，將他和博士彭齊並重，如彭和甫之派，「來自博士齊，非玕後也」，可是在新修的譜籍中「並二族為一」，沒有以彭玕之事為宗族醜聞而隱諱。[58]

四　地理學家

曹彥約（？-？），字簡甫，都昌人。淳熙八年（1181年）進士。有領兵戰守之才略。漢陽闕守，曹彥約奉命攝軍事。時金兵大入，駐軍素寡弱，彥約起用三位土豪，大敗金兵，以守禦功進秩二等，就知漢陽。

58　《文天祥全集》，卷一〇，《跋彭和甫族譜》。

嘉定元年（1208年），提舉湖北常平，權知鄂州兼湖廣總領，改提點刑獄，遷湖南轉運判官。參與剿滅羅世傳、李元礪、李新等寇盜。

幾年後，曹彥約為利路轉運判官兼知利州。他減價出糶官糧，蠲免商稅，接濟民眾。針對軍將（都統制）驕橫，朝廷大員（制置使）無力制約，理財者歸怨於兵弱，握兵者歸咎於財寡等弊端，彥約作《病夫議》上奏。

理宗即位，彥約為兵部侍郎兼國史院同修撰。寶慶元年（1225年）入對，勸理宗「倚忠直如蓍龜，去邪佞若蟊賊，其有沮撓讒言者，必加斥逐」。尋兼侍讀，遷禮部侍郎。授兵部尚書，力辭不拜。彥約對理宗說：下情未通，橫斂未革，原因是「台諫專言人主，不及時政，下情安得通？包苴公行於都城，則州郡橫斂，無可疑者。」不久病卒。嘉熙初（1237年），賜諡文簡。

曹彥約晚年退休之後，將平日任官四方的見聞，積累的資料類編為《輿地綱目初稿》。書中現狀部分的稱謂以寧宗嘉定為主，「陷沒州縣則號從中國」，即在金朝管轄下的州縣沿用唐、北宋名稱。所記的內容「詳於三代、秦漢以前，次及於魏晉分離之後」。他在序言中談體會說，輿地誌寫作難度大，在大統一時代寫，容易；在分裂時期寫，就難。由於輿地不僅是區劃，還涉及各地的山川、人文、社會、歷史等事項，所以，即使在統一時期，還必須「君相注其意，郡縣宣其力，咨訪於下者無遺慮，編摩於上者有實學，然後可以稽古，可以傳遠」。輿地誌內容浩博，非個人所能獨辦。曹彥約批評北宋的三部地理書，認為樂史

著《太平寰宇記》，是其個人「自出己意，不假朝命」；王存著《元豐九域志》，則是依仿舊圖，撮其大要。這兩本書都存在缺陷，「或討論之不精，或記載之不備，觀者歉然，未為大典」。至於政和年間歐陽忞寫《輿地廣記》，問題更大，「乃欲以專門自許，廣記其事，志則良苦，事力猶有限也。觀書誦史，如坐暗室，東征西轅，出門有礙，儒者之恥也」。現在曹彥約自己也是以個人之力記輿地，故而交代說：「異時吾家子弟知吾本志，求其細目之略，而能增廣之。見天下一家，請於博雅君子而是正之，使後之立綱陳紀者，有考焉似易為力；或因其疏闊而遂譏之，亦其所也」[59]。

曹彥約歷仕州郡，在卻敵平寇戰事中，有實用的才幹，建立了事功，及入朝為侍講，亦能殫心於經旨，以及敷陳祖訓，規箴時政。他編撰《輿地綱目初稿》，顯然是為因地制宜的施政需要，這篇序言，正是他閱讀與使用地理書的心得。另有《經屋管見》、《昌谷集》傳世。

第三節 ▶ 文學藝術家

一　文學家

科舉取士，以文學而高中者比比皆是，單純以詩詞文章揚名

的學者也很多。呂本中《江西詩社宗派圖》中的江西名家，有豫章洪朋、洪芻、洪炎、洪羽（均黃庭堅外甥）、徐俯；臨川謝逸、謝薖、饒節、汪革，靖安善權，建昌（今永修）李彭等。不在宗派圖中的文章老手，如清江（今樟樹市）向子諲，安福王庭珪，盧陵（今吉安）劉辰翁，玉山趙蕃，吉水文天祥，弋陽謝枋得等大批人，都有多方面的建樹，或在政壇，或以理學吸引人們注意，其文學成就遂沒有彰顯。清初朱尊彝認為：「宋自汴京南渡，學詩者多以黃魯直為師……終宋之世，詩集流傳於今，惟江西最盛云」（《竹齋集序》）。清代康乾年間，厲鶚編撰《宋詩記事》，披覽宋代學者三八一二家的作品，其中江西學者三四〇餘人，約有三分之二生活於南宋，這是江西文化在宋代得到長足發展的反映。這裡簡介的幾位，也不僅是文章一面的突出者。

江西文學家的成就，絕大多數與經學緊密相連，聖賢旨意、經學要義需借文學傳播，故而「文以載道」成為公認準則，經學大師例皆有很高的文學功底。朱熹是經學蓋住了文學，楊萬里則是文學擋住了經學，單就一門而論，朱是文學家，楊也是經學家。其次，就文學論文學，他們是熟練運用經傳的高手，善於寫作朝廷制誥程文，如汪藻的《隆祐太后手書》、《建炎德音》諸篇，評為辭令之極；周必大寫的制命文章旨意溫雅，文體昌博，號為南渡後台閣之冠。再次，具有學術素養，功底深厚，「江西詩派」者都不愧為山谷傳人，而創作「誠齋體」的楊萬里，以其活用知識的高超本領享譽詩壇。第四，眾多文學大家以作品承載氣節，贏得世人尊敬。前如胡銓，王庭珪，後如歐陽守道、文天祥、謝枋得等的詩文作品，都是中國文化上珍寶。

汪藻（？-1154年），字彥章，饒州德興人。幼年穎異，後入太學，崇寧二年（1103年）進士，遷江西提舉學事司干當公事。

徽宗作《君臣慶會閣詩》，群臣賡和，唯汪藻之詩眾莫能及。時胡伸亦以文揚名，時人語曰：「江左二寶，胡伸、汪藻」。尋除《九域圖志》所編修官，再遷著作佐郎。

南宋高宗初年，召試中書舍人，遷拜翰林學士。當時詔令多出汪藻之手。他論諸大將擁重兵，浸成外重之勢，並提出控御將帥的三種辦法，「後十年，卒如其策」[60]。《宋史》的這個說法，可能是為高宗、秦檜的紹興和議添加的一條理由。

紹興元年（1131年），汪藻為龍圖閣直學士、知湖州，奏請在湖州「訪尋故家文書，纂集元符庚辰以來詔旨，為日曆之備」。因史館修撰綦崇禮不贊成，作罷。約三年後，知撫州，寫有《撫州奏乞罷打造戰船等事》疏狀。六年（1136年），修撰范沖言：宜令汪藻就閒纂修日曆。高宗讓汪藻得史館修撰餐錢，聽自辟屬員編纂日曆。八年（1138年），書成，內含元符庚辰（1100年）至宣和乙巳（1125年）二十五年間的詔旨，共六六五卷。尋知徽州，踰年，徙宣州。被論嘗為蔡京、王黼之客，奪職，居永州，累赦不宥。二十四年（1154年），卒。

秦檜死，恢復汪藻官職。二十八年（1158年），《徽宗實錄》成書，右僕射湯思退指出：實錄取材於汪藻所編詔旨十之七八，

---

60 《宋史》，卷四四五，《汪藻傳》。

於是贈汪藻端明殿學士。

汪藻通顯三十年，為南渡後詞臣之冠。他博及群書，學問賅贍，貫串百家，老不釋卷，尤喜讀《春秋左氏傳》及《西漢書》。工於駢體，其文閎麗精深，雄視天下。所作代言之文，如《隆祐太后手書》、《建炎德音》諸篇，製作得體，皆溫厚剴切，明白洞達，曲當情事，足以感動人心。故詔命所被，無不淒憤激發，實為辭令之極。有人說，高宗南渡立國，汪藻起草的詔書亦與有功。他的制詔之文，卓然為一代文苑之冠，不獨格律精密，擅絕一時，其他詩篇雜文，亦多深醇雅健，追配古人。孫覿對他的評論是：「寤寐千載，心摹手追，貫穿百氏，網羅舊聞，推原天地道德之旨，古今理亂興廢得失之跡，而意有所適者，必寓之於此。公在館閣時，方以文章為公卿大臣所推重，每一篇出……學士大夫傳誦，自海隅萬里之遠，莫不家有其書」。[61]有《浮溪集》、《浮溪文粹》傳世。

曾幾（1084-1166 年）字吉甫，贛縣人。舅父為清江孔武仲。徙居河南，以兄弼撫卹恩，授將仕郎，試吏部優等，賜上捨出身，授校書郎。靖康初，提舉淮南東路茶鹽公事。歷官江西、浙西提刑。秦檜倡言屈己求和，曾幾與兄曾開（禮部侍郎）力爭，均罷。不久，曾幾為廣南西路轉運副使。主管崇道觀，寓上饒茶山寺七年，讀書賦詩，自號茶山居士。紹興二十五年（1155 年）檜卒，曾幾起為提點兩浙東路刑獄。召為秘書少監，禮部侍

61　孫覿：《浮溪集序》，見汪藻《浮溪集》。

郎。二十七年（1157 年）提舉玉隆觀，致仕。紹興末，金完顏亮南侵，高宗又欲求和，曾幾雖臥病，仍奮起上疏曰：「為朝廷計，當嘗膽枕戈，專務節儉，整軍經武之外，一切置之」。乾道二年（1166 年）五月，卒於平江府。年八十三，諡文清。葬於紹興府山陰縣。

曾幾是江西詩派中的作家，享譽南宋文壇。初與徐俯、韓駒、呂本中交遊，以他們為師。曾幾的傳人是陸游，建陽蕭千岩亦師茶山[62]。其詩風清新如月白。陸游評議其學術風格：「以誠敬倡導學者，吳越之間翕然師尊，然後士皆以公篤學力行，不嘩世取寵為法。公治經學道之餘，發於文章，雅正純粹，而詩尤工，以杜甫、黃庭堅為宗」[63]。

曾幾對年輕人傳授做學問三點經驗：「自古詞林枝葉，皆從根柢中來，萬捲鬚窺藏室，一塵莫點靈台」；「老杜詩家初祖，涪翁句法曹溪，尚論淵源師友，他時派列江西」；「學問直須富有，文章政要深藏，玉在山中輝潤，蘭生林下芬芳」[64]。

王庭珪（1080-1172 年），字民瞻，吉州安福人。《宋史》無傳。政和八年（1118 年）進士。調茶陵縣丞，因與上官不合，

62　張端義：《貴耳集》，卷上。楊萬里《千岩摘稿序》稱：「余嘗論近世之詩人，若范石湖（成大）之清新，尤梁溪（袤）之平淡，陸放翁（游）之敷腴，蕭千岩（德操）之工致，皆予之所畏者」。蕭千岩，名德操，字東夫，號千岩，福州建陽人，寓居烏程。

63　陸游：《渭南文集》，卷三二，《曾文清公墓誌銘》。

64　曾幾：《茶山集》，卷七，《李商叟秀才求齋名於王元渤以養源名之求詩》。

棄官歸，隱居安福瀘溪五十年，自號瀘溪真逸。平生事蹟為人稱道，周必大為作《行狀》，胡銓為寫《墓誌銘》。

庭珪一生論事慷慨，頗具膽識。紹興十二年（1142 年），胡銓因彈劾秦檜遭貶，他賦詩送行，中有「痴兒不了公家事，男子要為天下奇」之句，「言直而詩工」，為世傳頌。後傳到權臣耳中，紹興十九年（1149 年）他竟因此謫貶辰州，直至秦檜死後四年才得放還。孝宗繼位，召王庭珪為國子監簿，再改直敷文閣，此時他已九十餘。

王庭珪在鄉里教學，為士人所崇敬。楊萬里十七歲時，赴安福拜他為師，在思想、品格、學術、詞章各方面，都受其深刻影響。王庭珪的詩文，在遭貶之後，「思益苦，語益工」。楊萬里極是推服，謂「其詩自少陵出，其文自昌黎出，大要主於雄剛渾大云」[65]。劉清之評其文，謂廬陵自歐公之後，唯庭珪可繼。謝諤《瀘溪先生文集序》曰：庭珪「江鄉大手，以詩文馳聲者蓋六七十年。其少時，志尚已高，視功業如拾芥。既齟齬，則發而見諸紙上。……是乃所謂激於中而發於外者。……書、銘、記、序諸篇，嚴厲有法；而上皇帝書並盜賊而論，其經綸宏傑，不減陸贄、杜牧，豈徒文而已哉。」[66]

楊萬里（1124-1206 年），字廷秀，吉州吉水人。紹興二十四年（1154 年）進士，初為贛州司戶，後調永州零陵丞。時張

65　楊萬里：《誠齋集》，卷八〇，《瀘溪先生文集序》。
66　王庭珪：《瀘溪文集》，原序。

浚貶居永州，萬里再三求見，又寫信請教。張浚勉以「正心誠意」，萬里終生服其教，書房名曰「誠齋」，學者稱誠齋先生。

在奉新知縣任上，他懲治害民的胥吏，將欠賦稅人姓名公佈於市，民眾於是主動繳納，縣以大治，得到推薦，召為國子博士。升將作少監，出知漳州、常州，提舉廣東常平茶鹽。平定盜寇沈師，有「仁者之勇」，除廣東提點刑獄。建議在潮、惠鄉野建營砦，「潮以鎮賊之巢，惠以扼賊之路」。

淳熙十二年（1185 年）五月，地震，萬里應詔上書，提醒朝廷注意：「言有事於無事之時，不害其為忠；言無事於有事之時，其為奸也大矣」。

淳熙十四年（1187 年），高宗病卒，翰林學士洪邁提議以呂頤浩等人配饗。萬里反對，力言張浚當預，且說洪邁無異指鹿為馬。孝宗不悅，由是出知筠州。

光宗即位（1189 年），召楊萬里為秘書監。他對光宗說：朋黨之論是無形之禍，「蓋欲激人主之怒莫如朋黨，空天下人才莫如朋黨」。[67]願陛下公聽並觀，用君子，廢小人，勿問其某黨某黨也。

紹熙元年（1190 年），出為江東轉運副使，權總領淮西、江東軍馬錢糧。朝議欲行鐵錢於江南諸郡，萬里疏其不便，不奉詔，降知贛州。他不赴，乞祠，提舉萬壽宮，從此居家不復出仕。

寧宗嗣位（1194 年），召赴行在，辭，以年老致仕。開禧二

第九章・「江西學」與江西的著名學者

年（1206年），升寶謨閣學士，卒，年八十三。諡文節。

萬里為人剛勁，重節操。韓侂冑欲網羅名士為其羽翼，嘗囑萬里為其南園著文，許以陞官。他拒絕：「官可棄，記不可作也。」大兒長孺初為主簿，他教誡說：汝要做好官，要做好人，不要鑽營官位，「借令巧鑽得，遺臭千載心為寒。……高位莫愛渠，愛了高位失丈夫。老夫老則老，官職不要討。白頭官裡捉出來，生愁無面見草萊」[68]。萬里臥家的十五年間，皆韓侂冑專僭日甚之時，他憂憤成疾。族子自外至，急著講侂冑正在用兵開戰，他聽到即慟哭失聲，執筆疾書：「韓侂冑奸臣，專權無上，動兵殘民，謀危社稷，吾頭顱如許，報國無路，唯有孤憤！」筆落而逝。

楊萬里生平特以詩文擅名，才思健拔，包孕宏富。他的詩文，朝廷上一致贊同的評價是：「公之文辯博雄放，自其少日已盛行於世，晚年所著益復洪深。其為詩，始而清新，中而奇逸，終而平淡，如長江漫流，物無不載，遇風觸石，噴薄駭人，蓋不復可以詩人繩尺拘之者」。聯繫其人品比較起來，「他人之文以詞勝，公之文以氣勝，惟其有是節，故能有是氣；唯其有是氣，故能有是文」[69]。

楊萬里創作詩文，其初學半山（王安石）、後山（陳師道），最後亦學絕句於唐人，已而盡棄諸家之體，而別出機杼，自成一

68　楊萬里：《誠齋集》，卷二八，《大兒長孺赴零陵簿示以雜言》。
69　《誠齋集》，卷一三三，《諡文節公告議》。

體，人稱「誠齋體」。他儘力擴大詩歌題材，既用於評議嚴肅的政治，更盡情抒寫生活。他善於狀物姿態，寫人情意，鋪敘纖悉，曲盡其妙，如插秧：「田夫拋秧田婦接，小兒拔秧大兒插。笠是兜鍪蓑是甲，雨從頭上濕到胛。喚渠朝餐歇半霎，低頭折腰只不答。秧根未牢蒔未匝，照管鵝兒與雛鴨」。[70]

楊萬里尊重「江西詩派」風格傳統，認為學習山谷詩法才是正宗，他說：「要知詩客參江西，政似禪客參曹溪。不到南華與修水，於何傳法更傳衣」[71]。然而他不拘泥形式，更注重貼近生活，用詞淺顯而詞意幽默活潑，真得「活法」，所謂流轉圓美如彈丸，不經意中寫出了對象的風貌。劉克莊評點說：「誠齋挽張魏公（浚）云：『出晝民猶望，回軍敵尚疑』，只十個字而道盡魏公一生，其得人心且為敵所畏，與夫罷相解都督時事皆在裡許，然讀者都草草看了」。又說：「今人不能道語，被誠齋道盡：『宿草春風又，新阡去歲無』。……『昇平不在簫韶裡，只在諸村打稻聲』」。[72]

楊萬里還著有《易傳》二十卷，從草創到脫稿，耗十七年而後成，其子長孺說：先父「平生精力，盡於此書」。其自序曰：「《易》之為言變也。《易》者，聖人通變之書也。……後世或以事物之變為不足以攖吾心，舉而捐之於空虛者，是亂天下者也；

70　《誠齋集》，卷一三，《插秧歌》。
71　《誠齋集》，卷三八，《送分寧主簿羅宏材秩滿入京》。
72　劉克莊：《後村集》，卷一八，《詩話下》。

·楊萬里墓，（在今吉水縣黃橋塘村西南的蓮花形山坡的東南坡，距塘村約1公里。）

不然，以為不足以遁吾術，挈而持之以權譎者，是愈亂天下者也」。該書在南宋書鋪中，曾與程頤《易傳》合刊，名為《程楊易傳》。誠齋此書不落舊套，多所創見。全祖望認為，關於《易》的闡析，「當以伊川（程頤）為正脈，誠齋為小宗，胡安定（瑗）、蘇眉山（軾）不如也」[73]。有的學者不讚同誠齋「以史證經」，然而，「舍人事而談天道，正後儒說易之病，未可以引史證經病萬里」。

洪邁（1112-1191年），字景盧，洪皓第三子。隨二兄參加博學宏詞科考試，被黜。紹興十五年（1145年）再考，中第。

紹興三十二年（1162年）春金世宗派人來告登位，且議和，洪邁為接伴使。孝宗謂曰：「朕料此事終歸於和，欲首議名分，

73　《宋元學案》，卷四四，《趙張諸儒學案》。

而土地次之。」洪邁於是建議更改接伴禮儀等十四事。自秦檜和
議以來，南宋屈己含忍，多不對等，至是方用敵國體，凡遠迎及
引接金銀等皆罷。洪邁又奏：「土疆實利不可與，禮際虛名不足
惜。」委婉地修正孝宗的詔令。

　　乾道二年（1166 年），知吉州。六年（1169 年），除知贛
州，起學宮，造贛江浮橋。贛州駐兵素驕，小不如欲則跋扈。每
年調遣一千人戍九江，是歲有人傳言至九江將不復返，眾遂反
戈，訛言流傳，百姓恟懼。洪邁派一校官婉言解說，俾兵歸營。
逐漸得知倡亂者兩人，械送潯陽，斬於市，避免了一場動亂。七
年（1170 年），江西大飢，贛州適逢中熟，洪邁說服僚屬，運米
接濟鄰郡。

　　淳熙十三年（1186 年）九月，拜翰林學士，參與修成《四
朝史》，將宋朝一祖八宗百七十八年事歸為一書。

　　紹熙改元（1190 年），進煥章閣學士、知紹興府。核實詭戶
四八〇〇有奇，蠲減絹四萬餘匹。明年（1191 年），進龍圖閣
學士，尋以端明殿學士致仕，是歲卒，年八十。諡文敏。

　　洪邁幼讀書日數千言，過目不忘，博極載籍，雖稗官虞初，
釋老傍行，靡不涉獵。尤以博洽受知孝宗，謂其文備眾體。他勤
奮博學，曾手抄《資治通鑑》三遍。他熟悉宋朝掌故，考閱典
故，漁獵經史，極鬼神事物之變，筆記文學的成就很大，影響遠
遠超過他在政壇上的活動。在其傳世作品中，《容齋隨筆》、《夷
堅志》最受社會重視，人們對這兩部書的引用和評議歷久不衰。
《容齋隨筆》七十四卷，涉及經史諸子百家以及醫卜星算等諸多
學問，是其平日讀書心得的札記，對問題的辯證考據頗為精確，

對宋代的一些典章制度記述，皆極審核。洪邁曾為贛州知州，約四十年後，其侄孫洪伋也任官贛州，遂將《容齋隨筆》刊刻於州學，嘉定五年（1212年）寶謨閣直學士何異《序言》稱該書「可以稽典故，可以廣見聞，可以證訛謬，可以膏筆端，實為儒生進學之地，何止慰贛人去後之思」[74]。四庫全書編者指出「南宋說部終當以此為首」。

《夷堅志》是洪邁晚年編寫的筆記，內容非常廣博，記錄了許多宋代人事掌故，也有大量神鬼報應的文字。讀者從這部筆記中，可以看到宋代社會百態的真實情節，尤其是下層勞苦民眾的生活事蹟。頗為具體的人鬼變換故事，反映著現實人生的實情，例如科舉考試對士人心理的巨大刺激，小民在豪霸欺壓下誓必抗爭的復仇追求。另一方面，這些神鬼妖怪故事，也不免產生不良影響，強化關於因果報應的觀念。嘉定年間，何異看到的《夷堅志》共計三二○卷，將其間詩詞、雜著、藥餌、符咒之屬摘錄出來，以類相從，編刻為十卷，以便閱覽。之後，又準備把書中不涉神怪，近於人事，可資鑒戒而佐辯博的內容，再摘編為十卷，交贛州刊印。

洪邁還編有《萬首唐人絕句》。淳熙七年（1180年）他在鄱陽家中，教兒孫讀唐詩，選錄唐人五七言絕句五四○○首，彙編為五十四卷。後來復加補輯，共得一萬首，為一百卷，並「以私錢雇工接續雕刻」於鄱陽「容齋」。紹熙三年（1192年）送上一

74　何異：《容齋隨筆五集總序》，《容齋隨筆》，卷首。

部給朝廷，壽皇（即孝宗）給予褒獎，有「選擇甚精，備見博洽」的評語。

趙蕃（1142-1228 年）字昌父，號章泉先生。其先鄭州人。建炎初，曾祖趙暘以秘書少監任提點坑冶鑄錢，寓居信州之玉山，遂落籍為玉山人。以趙暘致仕恩，趙蕃得補州文學。後調浮梁尉、連江主簿，皆不赴。為太和主簿，與吉水楊萬里交遊，萬里讚賞他刻苦自勵，贈詩有云：「西昌主簿如禪僧，日餐秋菊嚼春冰」。他求學於臨江劉清之，曾說「昔我官白下，屢到清江上」。清之守湖南衡州，趙蕃正在湖南任辰州司理參軍，遂請求監衡州安仁縣贍軍酒庫，以便就近繼續向清之求學。當他來到衡州時，清之已被罷官，趙蕃即丐求祠祿，隨從劉清之歸臨江。趙蕃如此珍重師生情誼，後來真德秀在《國史》中寫道：「蕃於師友之際蓋如此，肯負國乎！」

趙蕃家居，長期只食祠官祿。卒，年八十七。

趙蕃年將五十時，猶問學於朱熹，相契頗深。朱熹對他的評議是：「昌父志操文詞皆非流輩所及」，但覺得他對「義理之本」探索不深，期待他「不但為騷人墨客而已」。他年已耄耋，不以師道自居，門人負笈從學者益多，他「勉以師友之源流」，既擺正自己在師承鏈條上的位置，又教導後生把握學術發展的脈絡，養成承前啟後的風尚。他賦性寬平，與人樂易而剛介不可奪。周必大與趙蕃是多年老友，周為宰相，屢次引薦趙蕃，他竟不受。

趙蕃以詩詞聞名，交遊者迭至，「戶外之屨常滿」。他繼承江西詩派風格，發揚「活法」的作詩特色，不經意而平淡有趣，讀者以為有陶靖節之風。其反映社會生活的詩篇語意明快，而思

想深刻，如《鬻菜者》：「早禾未熟晚尤遲，賣菜歸來始得炊。谷者本從田戶出，未滋反取市人嗤」。[75]劉克莊說：「近歲詩人，惟趙章泉五言有陶阮意」，其《後村詩話》錄趙蕃詩多首。

趙蕃無文集傳世，只從《永樂大典》採掇編次為《乾道稿》二卷、《淳熙稿》二十捲、《章泉稿》五卷。景定三年（1262年），追諡文節。

韓元吉（？-？），字無咎。《宋史》無傳。據相關詩文可知，元吉初與從兄元龍皆試詞科，後任信州幕僚，南劍州主簿，至淳熙三年（1176年）十一月為吏部尚書，歸老於上饒南澗，自號南澗翁。元吉出自中原文獻世家，自稱尹焞門人，是二程的再傳弟子，定居上饒以後，與朱熹友善，嘗舉薦朱熹以自代。元吉的思想傳承了程朱理學，其文學成就亦高，以詩文唱和者有葉夢得、張浚、曾幾、陳亮、陸游、趙蕃諸人，皆當代名流。其婿呂祖謙，為當世大宗師。朱熹評議曰：「無咎詩做著者盡和平，有中原之舊，無南方嗝晰之音。」[76]有《南澗甲乙稿》二十二卷存世。其中子韓淲，字仲止，號澗泉，清苦自持，雅志不同俗，休官二十年，隱居上饒，不妄見貴人，亦不妄受饋遺，亦以詩聞名。有《澗泉日記》存世。

劉過（1154-1206年），字改之，號龍洲道人，太和縣人。勤奮讀書，注意古今治亂，以詩鳴江西。先後四次應試，連連受

75　趙蕃：《淳熙稿》，卷一七。四庫本。
76　《朱子語類》，卷一三九。

挫，最終未脫布衣，遂以無業文人身分，「放浪荊楚，客食諸侯間」。他遊覽京口一帶的名山勝景，弔古抒懷，表達愛國志向。寧宗嘉泰三年（1203 年），浙東安撫使辛棄疾派人邀劉過去紹興，他因事未成行，遂寫了一篇文章交來人帶回，辛讀後大喜，致酬金數百貫，並再次邀請。劉過於是到了紹興，「館燕彌月，酬倡疊疊」，辛棄疾對他更加欣賞，臨別時再資助千緡，使他能買田置業。但是，劉過慣於交遊生活，歸鄉後竟不操辦家業。[77] 晚年客死崑山。

劉過被譽為文壇的「天下奇男子，六十年以義氣撼當世」。劉過負不羈之才，落魄一世，傲睨萬物，怒罵嬉笑，皆成文章。其詩作雋永人口，廣為傳頌。每有作，輒伸尺紙以為稿，筆法遒縱，隨為好事者所拾。友人於郵亭、僧捨得其詩五、六十首。傳世的《龍洲集》有詩詞八十七首，抒發其收復失地的愛國情懷，以及懷才不遇的憤恨。他的《六州歌頭（弔岳王廟）》曰：

中興諸將，誰是萬人英？身草莽，人雖死，氣填膺，尚如生。年少起河北，劍三尺，弓兩石，定襄漢，開虢洛，洗洞庭，北望帝京。狡兔依然在，何事先烹！過舊時營壘，荊鄂有遺民。憶故將軍，淚如傾。

說當年事，知恨苦，不奉詔，偽耶真？臣有罪，陛下聖，可鑒臨，一片心。萬古分茅土，終不到，舊奸臣。人世夜，白日

照，忽開明。袞佩冕圭百拜，九泉下榮感君恩。看年年三月，滿地野花香，鹵簿迎神。[78]

　　這首詞寫在岳飛平反之後，作者深情地歌頌岳飛抗金的功績，以滿腔義憤控訴趙構、秦檜的罪行。古有「狡兔死，走狗烹」的悲劇，本朝何以「狡兔依然在」，忠臣良將先被誅殺？詩人的豪邁正氣，激盪人心，使讀者潸然淚下，回味往事，汲取教益。

　　曾極（？-？），字景建，南豐（一作臨川）人，終生布衣，心繫國事，以詩歌創作享譽江湖間。寧宗末年，史彌遠操縱朝政，扶立理宗，廢除濟王，曾極有詩諷刺此事，臨安書商陳起將它編入《江湖集》中，遭人指控為「訕謗」時政，被貶死道州。他在道州的詩篇《舂陵小雅》早已不傳，傳世的是《金陵百詠》。他詠歎金陵故跡舊事，觸景生情，含蓄地抨擊南宋朝政。全詩皆七言絕句，凡一百首，詞旨悲壯，有磊落不羈之氣，不只是單純地描摹山水而已。如《天門山》云：「高屋建瓴無計取，二梁剛把當殽函」。天門山是夾大江而立的東岸博望山，西岸梁山，「二梁」指此二山，將這兩座山當作殽關、函谷關，正是喻指南宋苟安江南。

　　《新亭》云：「江左於今成樂土，新亭垂淚亦無人」。[79]新亭

78　劉過：《龍洲集》，卷一一，《六州歌頭（弔岳王廟）》。
79　劉義慶：《世說新語‧言語》：「過江諸人，每至美日，輒相邀新亭，

是六朝時期建康西南近郊的軍壘，新亭、白下，一南一北，為建康宮城的南北門戶。建康地形與洛陽無異，皆四面環山中夾一水，可是現今的江左（臨安）已是安樂窩，無人想到匡復中原。盧陵詩人羅椅[80]感嘆曾極的文思才華，竟能夠將如此繁富而「惱人」的史事，抒發於千載之下。

辛棄疾（1140-1207 年），字幼安，號稼軒，山東歷城人。金主亮死，中原豪傑並起。耿京聚兵山東，稱天平節度使，節制山東、河北忠義軍馬，棄疾為掌書記，勸耿京決策南向。紹興三十二年（1162 年），耿京令辛棄疾奉表歸宋。這時張安國、邵進殺耿京降金，棄疾乃率忠義人直奔金營，擒張安國以歸。從此定居信州，先在上饒，後在鉛山終老。

乾道四年（1168 年），棄疾通判建康府。六年，孝宗在延和殿召見辛棄疾，他上奏《九議》、《美芹十論》，縱論南北形勢。淳熙元年（1174 年）提點江西刑獄，剿平茶商軍，有「上功太濫」之弊[81]。不久改知潭州兼湖南安撫。討平湖湘盜，並上言多盜的原因：田野之民，「郡以聚斂害之，縣以科率害之，吏以乞取害之，豪民以兼併害之，盜賊以剽奪害之，民不為盜，去將安

藉卉飲宴。周侯中坐而嘆曰：『風景不殊，正自有山河之異。』皆相視流淚。」曾極引用這個「新亭對泣」典故，暗喻南宋無人。

80　羅椅，字子遠，號澗谷，盧陵人，寶祐四年進士，知信豐縣，遷提轄榷貨務。其家豪富，為人清修博學，時賈似道專國，上書力詆其罪，掛冠徑去，不復仕。

81　楊萬里：《誠齋集》，卷一二○，《宋故少師大觀文左丞相魯國王公神道碑》：「辛棄疾平江西茶寇，上功太濫，公謂不核真偽何以勸有功」。

之？……慾望陛下深思致盜之由，講求弭盜之術，無徒恃平盜之兵」**82**。

淳熙七年（1180 年）底，差知隆興府兼江西安撫。遇大饑荒，全力主持賑濟，大有成效，但有人彈劾，落職，主管沖祐觀。紹熙二年（1191 年），起為福建提點刑獄，旋為知福州兼福建安撫使。

嘉泰間（1201-1204 年），起知紹興府兼浙東安無使，尋差知鎮江府。坐繆舉，降朝散大夫、提舉沖祐觀。開禧三年（1207 年），試兵部侍郎，進樞密都承旨，未受命而卒。年六十八。葬鉛山瓢泉之西七都（今陳家寨）虎頭門陽原山中。德祐元年（1275 年），諡忠敏。

棄疾豪爽尚氣節，嘗謂：「人生在勤，當以力田為先。北方之人，養生之具不求於人，是以無甚富甚貧之家。南方多末作以病農，而兼併之患興，貧富斯不侔矣」。故以「稼」名軒。朱熹歿，禁「偽學」方嚴，無人敢去送葬。而他著文前往哭祭：「所不朽者，垂萬世名。孰謂公死，凜凜猶生！」辛棄疾善於詩詞，悲壯激烈，有《稼軒集》行世。

辛棄疾大半生居住江西上饒、鉛山。淳熙七年（1180 年）他在湖南任官時，已經買下上饒縣城北門外的帶湖一塊地，構築房舍。第二年建成，「築室百楹」，甚宏麗，洪邁為寫《稼軒

82　《宋史》，卷四〇一，《辛棄疾傳》。

記》[83]。淳熙九年（1182 年），他被劾落職，遂居上饒帶湖家中，一住十年，直至紹熙三年（1192 年）春，赴福建提點刑獄任。紹熙五年（1194 年），辛棄疾再至鉛山期思村瓢泉附近建築新居。

期思，原名奇師，位鉛山永平鎮東約二十里（今屬稼軒鄉），在瓜山下有泉水流出，分上下兩窟，上窟圓如臼，下窟規如瓢，泉水先入臼中，後流進瓢內，清澈可鑒，原為奇師村周氏所有。辛棄疾在淳熙年間曾來此地，喜愛此處，將此泉買下，更名瓢泉，並將奇師更名期思，寄託他對時局和個人事業之再起的心願。[84]

慶元元年（1195 年）十月，辛棄疾再被劾落職，回上饒家居。二年夏，帶湖房屋被焚，遷居鉛山縣期思市瓢泉，至嘉泰二年（1202 年）止，共計七年。嘉泰三年（1203 年），辛棄疾被命為紹興知府，遂離開鉛山。

開禧三年（1207 年）秋，辛棄疾病歸鉛山。此時，朝廷準備對金再次用兵，命辛棄疾為樞密院都承旨。朝命傳到鉛山，他已病重不能成行。九月十日，他大呼「殺賊」數聲而卒。

83　洪邁《稼軒記》曰：「郡治之北可裡所，故有曠土存，三面傅城，前枕澄湖如寶帶，其從千有二百三十尺，其衡八百有三十尺，截然砥平，可廬以居……既築室百楹，度財占地什四，乃荒左偏以立圃，稻田決決，居然衍十弓，意它日釋位而歸，必躬耕於是」。見祝穆《古今事文類聚》前集卷三六。

84　參見俞悌生《辛棄疾在瓢泉》，鉛山縣政協編《鉛山人物》（鉛山文史資料第八輯），一九九四年，第 9-15 頁。

上饒帶湖、鉛山瓢泉，是辛棄疾長期居住和最終歸宿之地，映下了他仰天長嘯的精神風貌，誕生了他大量的名篇佳作，在他存世的六二〇餘首長短句中，《帶湖之什》有一七六首，《瓢泉之什》有一七三首[85]，共計三四九首，占百分之五十六點三，可見上饒、鉛山在他生活中的緊要地位。

文天祥（1236-1283 年），南宋末期傑出詩人。他生當宋室衰敗之際，指陳時弊，矢志抗元，平生大節，照耀古今。他的詩文，涵詠其情操，噴發浩然正氣，為世人景仰。後世高度評價其詩文。四庫館臣在《文山集》提要中稱：天祥「著作亦極雄贍，如長江大河，浩瀚無際。其廷試對策，及上理宗諸書，持論剴直，尤不愧肝膽如鐵石之目。故長谷真逸《農田余話》曰：宋南渡後文體破碎，詩體卑弱，唯范石湖、陸放翁為平正，至晦庵諸子始欲一變時習，模仿古作，故有神頭鬼面之論。時人漸染既久，莫之或改。及文天祥留意杜詩，所作頓去當時之凡陋，觀指南前後錄可見，不獨忠義冠於一時，亦斯文間氣之發見也」。

《指南錄》、《指南後錄》真實記錄了文天祥抗元的悲壯歷程。他在獄中所寫《吟嘯集》、《集杜詩》，回顧歷史，於國家淪喪之由，生平閱歷之境，及忠臣義士之周旋患難者，一一詳志其實，顛末粲然，不愧詩史。文天祥壯懷激越地自述：「有心扶日

85　詳見鄧廣銘《略論辛稼軒及其詞》，載《稼軒詞編年箋注》，上海古籍出版社一九七八年版，第 1-24 頁。

月，無力報乾坤」，「千年滄海上，精衛是吾魂」[86]。他的詩盡情抒發忠義正氣，其「人生自古誰無死，留取丹心照汗青」（《過零丁洋》）、抒發浩然正氣以戰勝邪惡的《正氣歌》等佳作，是中國詩壇的千古絕唱。

二 音樂家

姜夔（1155-1221 年）字堯章，鄱陽人，少年隨父居留漢陽，後流寓湘鄂，往來蘇、杭，與詩人詞客交遊。寓居吳興之武康時期，與白石洞天為鄰，遂自號白石道人。慶元中，曾上書乞正太常雅樂，得免解，然終身不仕。卒於臨安。

姜夔平生好學，無所不通。所作詩詞、書法，堪稱精妙。其詩運思精密，而風格高秀，誠有拔於宋人之外者。姜夔自述其學習詩詞的心得：「師黃太史氏，居數年一語噤不敢吐，始大悟學即病，不若無所學者之為得」，「作詩求與古人合，不如求與古人異。求與古人異，不如不求與古人合」。由此看出姜夔之學，蓋以精思獨造為宗，而其音律成就，在南宋時代難找第二人。其詞格律嚴密，雕琢字句，尤善音律，喜自度新腔，故音節、文采並冠絕一時，其詩所謂「自製新詞韻最嬌，小紅低唱我吹簫」。著《鐃歌鼓吹曲》十四章，於慶元五年（1199 年）進獻尚書省。現存姜夔所注工尺旁譜的詞十七首，是研究宋詞樂譜的珍稀資料，在中國音樂史上有重大價值。遺憾的是，這位富有才藝者的

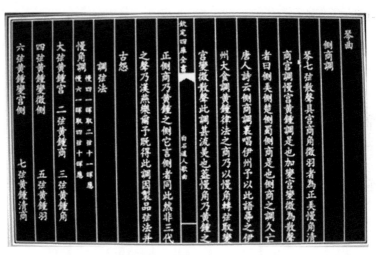

．姜夔《白石道人歌曲》「琴曲」書影

作品，傳世的少，尤其是他對古樂的理論研究，記錄的古樂譜，沒有完整的保留下來，是一大損失。陳振孫《直齋書錄解題》在《白石道人集》條稱：「石湖范至能尤愛其詩，楊誠齋亦愛之，嘗稱其歲除舟行十絕以為有『裁雲縫月之妙思，敲金戛玉之奇聲』」。《四庫全書》錄存姜夔著作有《絳帖平》六卷，《續書譜》一卷、《白石道人詩集》二卷、《白石道人歌曲》四卷，別集一卷。

三 畫家

劉琮，盧陵人。與其父俱擅長人物畫，尤以畫肖像聞名一時。北宋後期，玉局老人（蘇軾）自海南島貶所回歸，劉琮給他畫像，軾贈以言，由是士大夫益稱頌琮的技藝。紹興九年（1139年），劉琮到安福縣，在「盧溪草堂」為王庭珪畫《隱居圖》，

情景交融，特顯王庭珪剛直不阿的思想風骨。王庭珪看了，覺得頗有勝處，作三絕句抒發感慨：其一，「曾寫峨眉玉局真，遠看前輩畫麒麟。此翁此畫不常有，宜並銀鉤絕世珍。」其二，「布襪青鞋倚瘦松，我生骨相真生窮。煩君畫著漁船上，刺入盧江煙雨中。」其三，「畫作蕭然物外身，筆端如此有風神。蹇驢破帽江南岸，不是尋常行路人」。**87**

揚無咎**88**，字補之，號逃禪老人，又號清夷長者，臨江軍清江人，後寓豫章。高宗朝以不滿於秦檜，累征不起，隱居終生。無咎精於繪畫、書法。水墨人物學李伯時，梅竹、松石、水仙，筆法清淡閒野，為世一絕，鑑賞家視為珍品。兼精詩詞，以詩學薦於朝，但他恥於趨炎附勢，遂不仕，有《逃禪祠》一卷傳世。無咎書學歐陽率更，小變其體。江西碑碣多無咎書，小字尤清勁可愛，嘗自題所藏《邕禪師塔銘》後云：「予於率更為入室上足」**89**。

揚無咎的親屬中多人善畫：外甥湯正仲，字叔雅，後居黃岩，號閒庵，善畫梅竹、松石，清雅如傅粉之色。水仙、蘭亦佳。畫風大體繼承無咎，又能別出新意。其作品用「湯氏叔雅」印。侄兒楊季衡，畫墨楊，得家法，又能作水墨翎毛。又有劉夢

87　王庭珪：《瀘溪文集》，卷二一，《贈寫真劉琮、並引》。

88　揚無咎，其姓不作「楊」，四庫全書《逃禪詞》提要云：「諸書揚或作楊，按《圖繪寶鑑》稱：無咎祖漢子云，其書姓從才，不從木，則作楊誤也」。

89　陶宗儀：《書史會要》，卷六。

良，亦鄉里親黨，也善於墨寫楊樹林。湯正仲的弟弟湯叔用，亦工墨梅；女兒，趙希泉妻，她畫的梅竹，都以其父「閒庵圖書」識其上。

歐陽楚翁，字無塵，龍虎山道士。善畫山水、窠木、竹石、水墨梅花、四時之景，尤工畫龍。其子雪友，亦善畫，達到其父之精妙。

楊安道，九江人。師法范寬，所作人物山水，筆法有江湖氣韻。

趙子云，江西人。作畫不蹈故襲，力求有自家特色。能作一筆畫，凡畫人，其面及手，描畫頗工，及至衣折，則如草符籙，一筆而就。

李雲卿，寧都人，工詩及人物畫，其創作的《四君子圖》頗受士大夫讚賞，畫中叔夜撫琴，王逸少觀書，李太白飲酒，林君復以孤山賦梅，「曲盡其蕭散閒放之趣」，在各人之旁又各為一詩。士大夫與雲卿游者皆有詩題於後，合為一巨軸，實屬難得。[90]

鄉間有一批擅長畫神佛的藝人，其活動不離鄉土，而作品的影響則深入民間。浮梁畫工胡一，居於縣市，以作畫謀生，「其技素平平」，而縣城城隍祠的二門神是他畫的，進廟燒香的官民人等，看到的門神「儀貌雄偉，而衣裝極敝惡」。原來胡一繪畫視報酬而為，當時他以所得錢少，「視其直斟酌，但作水墨而

---

90 歐陽守道：《巽齋文集》，卷一一，《送李雲卿歸金精山序》。

已，衣冠略不設」。另一個木工兼雕刻工的技藝也不差，浮梁西鄉崗新安寺住持允機，請這個木工雕三神像，他對照石刻搨本，繪雕三將軍，形模一切與碑相類，允機滿意，「旋辟一堂供事」[91]。

盧陵南禪寺慧和尚，善畫人物，尤精於神像畫。他年輕時「得畫法於裡之名手」，後出遊四方，在京師又得「異人」指點，作品益加傳神。自此以往，其見識高遠，比同輩「迥長數格」。數年之後，「厭薄世俗」，削髮為僧，居留南禪寺。他每年拿出一些畫送人，所畫「星源神像」特別精妙，尤為四方喜愛，富豪們「見輒動心，矗矗不愛金繒以致之」[92]。本來看破世俗而出家的慧和尚，因其畫作重新捲入金錢遊戲之中。

四　書法家

朱松，字喬年，婺源人。朱熹父親，據朱熹說：其父少年好學王荊公書，深諳荊公書法奧妙，仿寫本非常逼真，「恐後數十年未必有能辨之者」。

陸九齡，平日不專門於書法，而其所書，「端穩深潤有法度，臨學之士或有所未及」，超過了專業人士，由此可見：「有德有言者，於區區字畫亦不苟」。

謝諤，書法似蘇軾，而少變其體，有些窘於舒放，然自成一

91　洪邁：《夷堅志》，戊志卷一〇，《胡畫工》；丁志卷五，《三將軍》。
92　《文天祥全集》，卷一〇，《慧和尚說》。

家。所謂「執筆如捉賊」，謝諤之書有點近似。

胡銓，翰墨甚佳，尤擅長小楷，所上奏章被當作書法作品收藏。據傳，孝宗曾對胡銓說：「卿寫字宛如卿為人」。銓答：「臣幼習顏真卿字，今自成一家」。孝宗又說：在太上皇德壽宮看到你紹興八年（1138 年）所上奏章真本，太上皇與朕玩味久之，「喜卿辭意精切，筆法老成，英風義氣，凜然飛動」。當時太上皇將它收藏起來了，但後來為秦檜批塗抹污。孝宗於是建議裁去被塗污部分，再加裝裱。

周必正，字子中。是周必大的二哥，曾任袁州司戶參軍，知南豐縣，軍器監丞，知舒州。善屬文，尤長於詩。其書有古法，受到士紳讚賞。陸游介紹說，四方豐碑巨匾，多出周子中之筆。周必大稱讚「季兄子中，筆法絕高」。

朱熹，善真書、行書，尤工大字。他的書法筆勢迅疾，曾無意於求工，而尋其點畫波磔，無一不合書家矩矱。朱熹曾評點諸家書法，以謂蔡忠惠（襄）以前皆有典型，及至米元章（芾）、黃魯直（庭堅）諸人出來，便自敧斜放縱，世態衰下，其為人亦然。

曹士冕，字端可，號陶齋，都昌人，曹彥約之後人。其仕履僅知由福建帥司幕僚，而為州郡官。潛心書法研究，於淳祐五年（1245 年）著成《法帖譜系》二卷。其書詳述宋代法帖源流，首為譜系圖，計有太宗淳化閣帖等二十二種，其中包括江西的「臨江戲魚堂帖」、「劉丞相（沆）私第本」、「廬陵蕭氏本」。全書以淳化閣帖為大宗，而絳帖為別子，諸本皆其支派。曹士冕在每條之下敘述摹刻始末，兼訂其異同工拙，鑑別不苟，頗足以資考證。

文天祥，善小篆。宋末元初，有人見一硯後天祥所書：「紫之衣兮綿綿，玉之帶兮粼粼，中之藏兮淵淵，外之澤兮日宣。嗚呼，磨爾心之堅兮，壽吾文之傳兮。廬陵文天祥書」。共四十四字，筆畫貞勁似其人。在空坑失敗之後，剛脫強敵追擊，流離顛沛之際，他給友人寫的書信，筆意仍然雍容嫻雅，無一毫驚懼荒迫之狀，如果不是素養精熟，絕無可能。

　　姜夔，書法迴脫脂粉，一洗塵俗，不拘繩墨，運筆遒勁，波瀾老成。《絳帖平》、《續書譜》是他的書法理論著作。嘉泰三年（1203 年）五月，他在《絳帖平》自序中說：「諸家惟黃長睿鑑賞最精，然恨太略。予因絳帖條流而增備之，使覽者識其真偽，通其義理，然後究其點畫，不為無益於翰墨矣。若王著以率更為何氏，東坡以鐵石為梁人，米老以王珣為張旭，以晉帖為羊欣，

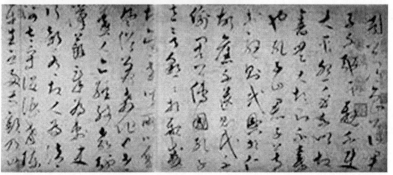

・文天祥手跡「忠孝廉節」、草書信箋

劉氏以臨海為諮誨，以修齡為修郢，諸如此類，不可悉數，皆辨正之。蓋帖雖小伎，而上下千載，關涉史傳為多，惟慚淺陋，考訂未詳，故著其所解，闕其所不解，以俟博識之君子」。

《續書譜》一篇，以唐人孫過庭《書譜》在前，故曰續。該書凡二十則，總論之後，分列真書、用筆、草書、用筆、用墨、行書、臨摹、書丹、情性、血脈、燥潤、勁媚、方圓、向背、位置、疏密、風神、遲速、筆鋒。他綜考前人書法成就，參與自己心得，見解深刻，於讀者啟發良多。在「總論」中說：「大抵下筆之際，盡仿古人則少神氣，專務遒勁，則俗病不除。所貴熟習兼通，心手相應，斯為美矣」。嘉定元年（1208 年），友人謝采伯讀其書，深感「議論精到，三讀三歎」，於是為其刻書，以廣流傳。

第四節 ▶ 天文台與科技專家

一 天文台、星宿圖、羅盤

袁州譙樓，是現存中國最早的地方天文台。這座譙樓在今宜春市區，曾名宜春鼓樓，始建於南宋嘉定十二年（1219 年），其上置有銅壺、影表、定南針、鼓角等古天文儀器。正德《袁州府志》載：嘉定十二年，袁州知州滕強恕（金華人），重建譙樓。其地在府治東，「築台為樓，五間，原置銅壺一座，並夜天池、日天池、平壺、萬水壺、水海、影表、定南針、添水桶、更籌、

漏箭、鐵板、鼓角。設陰陽生輪值，候籌報時。」[93]該樓歷經多次維修，據介紹，現存古牆體上有「皇宋淳祐十一年（1251 年）」銘文磚，證明譙樓在建成三十餘年之後，重修過一次。譙樓，本是古人建築在城牆上用以瞭望的樓，一般只在樓中安置鼓、鐘，以為報告警示之用，袁州這座譙樓，增加了測驗天時等器具，擴大了功能，發展成為集測時、守時、授時於一身的觀天台，這是世界上現存最早的專門從事時間工作的天文台遺址。比烏茲別克境內十五世紀初帖木兒帝國建立的天文台，還早兩個多世紀。

星宿圖，出土於江州德安縣周氏墓。該圖絹地彩繪，長兩百釐米，寬六十釐米，覆蓋於棺內表面。以手工精心繪製的銀河，南北走向，銀河中段分布行雲，銀河兩邊分布五十七顆星辰，同一星宿的星辰用直線連接。全圖以鉛粉著色為主，以墨色勾畫星宿和星雲輪廓，黏貼銀白色的金屬片，標示星辰所在位置。[94]此絹繪星宿圖色彩運用科學，反差對比強烈，畫面清晰，查看方便，堪稱中國古代星象圖中少有的珍品。星宿圖作為隨葬品，該是周氏家族人看重星宿和人生之關係的物證。

北宋時期進行過五次大規模的天文觀測，元豐年間進行第四次天文觀測後，蘇頌將所測資料繪成星圖。南宋紹熙元年（1190年），黃裳在蘇頌星圖基礎上，補充資料，重繪天文圖，並在圖

93 正德：《袁州府志》，卷四，《公署‧譙樓》。
94 周迪人等：《德安南宋周氏墓》，圖版 25，摹本三-14。江西人民出版社，一九九九年版。

‧袁州譙樓──天文台

下撰文說明。淳祐七年（1247 年），王致遠將黃裳天文圖刻於碑石，稱為石刻天文圖（現藏蘇州博物館）。這幅絹繪星圖，於咸淳十年（1274 年）入土陪葬，在天文圖發展系列上增加了一個環節，對瞭解天文知識向民間普及，認識墓葬風俗，有珍貴的資料價值。

南宋中期，江西民間已經使用羅盤。一九八五年五月，臨川縣溫泉鄉的慶元四年（1198 年）朱濟南墓出土的七十件素燒瓷俑中，有兩件瓷俑造形相同，手抱帶有指針、刻度分明的大羅盤，羅盤周圍有一圈十六分刻度，中心有一枚長棱形指針，菱形中央有圓孔，為軸支承結構。針兩側呈長條狀，作上、下指向，上指者針端為矛頭狀，針端與羅盤相接。羅盤為寬平面環狀，盤

· 德安周氏墓星宿圖

有明顯的表示刻度的條紋。[95]墓主朱濟南卒於慶元三年（1197年）五月，葬於第二年（1198 年）九月。這個時間也就是墓中持羅盤瓷俑製成的時間下限。中國使用堪輿羅盤的首次可靠記載，見於臨江軍曾三異《同話錄》，其《子午針》一條說：「地螺或有子午正針，或用子午、丙壬間縫針。天地南北之正，當用子午。或謂今江南地偏，難用子午之正，故以丙壬參之。古者測日景於洛陽，以其天地之中也。然有於其外縣陽城之地，地少偏，則難正用。亦自有理。」[96]曾三異此書大約寫於嘉定初年（1208 年）前後，與朱濟南入葬時間接近。曾三異稱堪輿羅盤為「地螺」，寫了使用中因地區不同而調整針的指向。朱濟南墓出土的瓷俑道士所抱羅盤，可與此書所記互相印證。由此知道，這種裝在刻度盤上、可以轉動用來指示方向的羅盤經——羅盤指南

95　陳定榮、徐建昌：《江西臨川縣宋墓》，《考古》一九八八年第四期。

96　陶宗儀：《說郛》，卷二三上。按，曾三異《同話錄》，檢索《四庫全書》有十七個匹配，有兩個作「因話錄」，即明·邢云路《古今律歷考》、徐應秋《玉芝堂談薈》。

針，是現已發現的世界上最早的羅盤指南針之模型，證明它至遲距今八百多年以前，就已在中國大地上出現並實際使用。

二 曆算家

周執羔（1094-1170 年），字表卿，信州弋陽人。宣和六年（1124 年）進士，廷試，徽宗擢為第二。授湖州司士曹事，不久為太學博士。

建炎末，調撫州宜黃縣丞，平定潰卒的變亂。紹興六年（1136 年），遷太常丞。朝廷籌建明堂，而相關禮樂久廢不修，周執羔受命組織專業人員練習，採訪舊聞，整治樂器用品，使明堂製作完備起來。後

· 臨川 1985 年出土的手抱羅盤瓷俑

因反對秦檜利用科舉為兒子舞弊，被罷官。又六年，起知眉州，紹興三十年（1160 年），知饒州，尋除敷文閣待制。

乾道二年（1166 年）四月，復為禮部侍郎。旋拜尚書，升侍讀。光州士人劉孝榮言：「《統元曆》交食先天六刻，火星差天二度。嘗自著曆，期以半年可成，願改造新曆。」孝宗命周執羔提領改造新曆。周執羔沿用劉羲叟[97]法，推日月交食，考五緯

---

97 劉羲叟，北宋中期山西晉城人，精算術，尤長於星曆、術數，其曆學譽為宋代第一。歐陽脩在慶曆四年（1144 年）奉命巡視河東，曾舉薦

贏縮，以紀氣朔寒溫之候，撰《歷議》、《曆書》、《五星測驗》各一卷奏上。三年（1167年），執羔奏上新曆。乾道六年（1170年），執羔卒，年七十七。

《統元曆》，是南宋初年的曆法。北宋後期的《紀元曆》，在戰亂中曾經遺失，紹興二年（1132年）重新購得。當時常州布衣陳得一預測天象，比司天監官員更準，紹興五年（1135年）二月，詔秘書少監朱震在秘書省監督陳得一改造新曆。八月，新曆成，賜名《統元》，六年頒行。未幾，曆法又與氣候漸差，再改曆，遂有《乾道》《淳熙》《會元》《統天》《開禧》《會天》《成天》等曆法相繼頒行。從南宋初至德祐丙子（1276年）約一百五十年間，也像北宋時期，先後八次改曆。

歐陽之秀（？-？），袁州宜春人，深研律學，多有所得。慶元之後，著《律通》，僅見其自序錄存《宋史·律歷志》，多有主見。序文較長，但屬稀有。

《律通》上、下二篇，共二十個子目：《十二律名數》、《黃鐘起數》、《生律分正法》、《生律分變法》、《正變生律分起算法》、《十二宮百四十四律數》、《律數傍通法》、《律數傍通別法》；《九份為寸法辨》、《五十九律會同》、《空圍龠實辨》、《十二律分陰陽圖說》、《陽聲陰聲配乾坤圖》、《五聲配五行之序》、《七聲配五行之序》、《七聲分類》、《十二宮七聲倡和》、《六十

他，説「其學通天人禍福之際，可與漢之（劉）歆、（劉）向、張衡、郎　之徒為比」（《歐陽脩全集》，卷一一六，《舉劉義叟札子》）。

調圖說》,《辨三律聲法》。

胡銓,對歷學有研究,在高宗時,著《審律論》,《宋史・律歷志》全文引入。其文著重闡述律歷和兵械的關係。

彭應龍(生卒年不詳),廬陵人,任江陵府學教授,註疏《漢・律歷志》,又設為問答,著《鐘律辨疑》三卷,是書至為精密,發古人所未言者。

應昼,宜黃人。通經史,尤精天文,著天象書,有圖,有說,有賦,名曰《義府》。於象數之外,獨得精義。又有渾天左右全體星圖。黃榦為之立石。[98]

孫義伯,豐城人。於書無所不讀,精於治歷,別有心得。認為治歷應當具備三個方面專門知識,曰象,曰器,曰數。著作有《六歷論》、《渾蓋同歸圖》,又寫古今七十六家法數,作大歷賦。義伯研究古歷算,傳承相關著述尤多。家境蕭索,雖瓶無儲粟,並不計較,淡如也。

三 名醫家

王克明(1069-1135 年),饒州樂平人,後徙居烏程(今浙江吳興縣南)。年輕時患脾胃疾病,醫生以為不可治,他自讀《難經》、《素問》等醫書,用古方治癒了宿疾。此後,他潛心醫術,在江淮蘇湖地區行醫,於針灸尤其擅長。為人好俠尚義,嘗數千里赴人之急。南宋初年,海州(今江蘇連雲港市)宋軍大

98 雍正《江西通志》,卷八〇,《人物・撫州》。

疫，他趕赴軍中，治癒近萬人。王克明曾參加禮部考試，任醫官，後遷至內翰林醫痊局，供職內廷，名列紹興名醫之內。

陳自明（1190-1270 年），字良父，臨川人。曾官建康府明道書院醫諭（即府學的醫學教諭）。其家祖輩三代行醫，家藏醫書數千卷。他繼承祖業，又行醫東南各地，所至必盡索方書以觀，吸取有益經驗，結合祖傳的，以及自己的臨床經驗，編著成《婦人大全良方》二十四卷，全書分八門，即調經、眾疾、求嗣、胎教、妊娠、坐月、產難、產後。每門各立子目，總二六〇餘論，論後附治病處方。該書博採眾長，持綱挈領，於婦科證治，詳悉無遺。

陳自明為何專攻婦科？嘉熙元年（1237 年）八月他的自序稱：「蓋醫之術難，醫婦人尤難。醫產中數證，則又險而難」。而醫界的弊病是「有才進方不效，輒束手者；有無方可據，揣摩臆度者；有富貴家鄙藥賤，而不服者；有貧乏人憚藥貴，而無可得服者；有醫之貪利，以賤代貴，失其正方者」。已有的婦科專著，如唐朝的《產寶》等，皆卷帙簡略，流傳亦少。因此，他知難而進，編出此書，體例上必使其適用，「綱領節目，粲然可觀，庶幾病者隨索隨見，隨試隨愈」；內容上「補其偏而會其全，聚於散而斂於約」；尤其是用藥，「藥不惟其貴賤，惟其效」。陳自明專精的醫術，加上高尚的醫德，才有了這份珍貴的勞動成果。

侯世昭（?-?），袁州宜春縣人。侯氏歷代行醫，至世昭已十餘世，家有祖傳秘方，積累了多代人的臨床經驗。世昭治病，無所不工，尤長於治療奇疾。對於針、刀手術，也善於審慎使

用。他少年時曾被一位老醫家所輕視，經過同時治療一個危重病人，老者屈服。世昭言：不可不讀古醫書而談醫，然不廢書又不可，需要臨症以意施治。他曾經不施藥、不用針，而使用恐嚇方式，將病人治好。其子侯子雲，繼承家業，行醫江西。

項國秀（？-？），吉安人，以針灸聞名於世。他嘗曰：「治病莫良於灸，而藥次之，古醫法也。今藥醫多於用灸法，病者亦非困極不議灸，故灸法精者差少。然業藥醫者亦不必人人精，病者不問精不精，輒試之。或日一易醫，數易而病不癒，則曰命當然。哀哉！今之不以正命死者，何限也。」為什麼人們不輕易請針灸醫生治病？他的看法是，難易程度不同。藥物，不外金石草木之類，其性溫良，而且有《神農》書在，可以辨別使用，然而還是會有失誤。針灸之技法極微妙，稍有毫釐之差，輒與病痛相應。現今繆者為之，輕率地以自己的意圖更易穴位，好比沒有秤，「而求輕重之合度」，能做到嗎？而且針灸使皮膚肌肉痛楚，所以，病不困極不議灸，固人情所畏憚也。

對項國秀的見解，歐陽守道既同意又補充說：針灸不難於定穴位，而是難於明理，《內經》謂人一身關節、脈絡、氣息，皆與天地相應，「古之為醫者，智足以達天地之變，故其視人一身，由表見裡，因影得形，今之醫智何如也？吾嘗謂醫非儒學不明，今也市人之子，義之不知，而曰讀醫書!讀醫書者多矣，況未之讀乎。古語曰：醫，意也。今之醫，則可謂意也夫。彼之意何如？其意也」。歐陽守道對醫家的批評很尖銳，認為必須將醫學置於儒學大體系中考核，然而今之醫生既沒有真正讀懂醫書，何況並未去讀。這些人是在憑自己的意思診病，能治癒嗎？他肯

定項國秀的醫術「精於他人多矣」，期望國秀「益進於學，以大君之智，則天地一人也，一人天地也，豈特灸法為然」[99]。

嚴用和（？-？），南康軍星子縣人，以醫道行世五十餘年，於寶祐元年（1253）著成《濟生方》，其書分門別類，條例甚備，皆立論於前，而以所處諸方列於後。其自序說：該書論治凡八十，制方凡四百，使用了十五年，「收效甚多，用鏤諸梓，以廣其傳」。有人懷疑其處方太多，認為古人處劑不過數種，針灸不過數處，他解釋說：「醫者意也，生意在天地間，一息不可間斷，續此方所以續此意，續此意所以續此生，請勿以多議余」。元朝崇仁學者吳澄說：「予最喜嚴氏《濟生方》之藥，不泛不繁，用之輒有功」[100]。《濟生方》後來散亡，醫家但輾轉援引，清朝時「歸脾湯」仍稱作「濟生歸脾湯」，是沿用其方劑的例證，可見《濟生方》為中醫方劑學寶庫增加了不少的珍貴方劑內容。

侯逢丙（1216-1290 年），著名醫藥師，從盧陵遷居樟樹鎮，設店製藥，成為全鎮藥業界的首戶。樟樹鎮與臨江軍治隔贛江相望，附近有閣皂山、玉笥山道士行醫的社會基礎，鄉村出產枳殼、枳實、陳皮等藥材，藉助航運大碼頭的交通便利，已經發展成地區性藥材交易中心。南宋時期，北方的醫學和藥材炮製技術流入臨江樟樹，藥材市場趨於繁盛。寶祐六年（1258 年），樟樹

99 歐陽守道：《巽齋文集》，卷一一，《項國秀灸法序》。
100 吳澄：《吳文正集》，卷二三，《古今通變仁壽方序》。

民眾建立藥師院，供奉藥師佛，祭祀藥王，為藥材市場的持久發展增加了一種精神寄託。侯逢丙把握樟樹有四方藥材雲集的優勢，發展了自己的醫藥業。

王良叔（？-？）吉州名醫。以儒學起家，轉攻醫術，對《難經》、《素問》等醫家經典「無不通貫，辯證察脈，造神入妙」，參稽自己行醫經驗，寫成治病的方劑──《金匱歌》，將方劑概括為歌詩韻語，以便記誦，「草紙蠅字，連帙累牘，以遺其後人」。他的兒子王季浩，憑此秘笈成為名醫。孫子王庭舉，青年時刻志文學，「中年始取其所藏讀之，今醫遂多奇中」。王氏行醫，雖有祖傳秘方，更因其積累幾代人臨床經驗，反覆檢驗修正，所謂「承三世之澤，其得不謂之善醫矣乎？」[101]

四　法醫家

南宋寧宗、理宗時期，建陽人宋慈先後在廣東、江西、湖南任提點刑獄，對死刑重案特別慎重，「審之又審，不敢萌一毫慢易之心」，他博採前人《內恕錄》、《折獄龜鑑》等書記述的成功經驗，增以自己審案體會，編撰了《洗冤集錄》五卷，於淳祐七年（1247 年）寫出並刊刻於湖南，供州縣官吏參考，達到「洗冤澤物」的目的。宋慈對於驗屍的方法，總結了一整套比較合理的措施，對於毒理學也有許多貢獻。《洗冤集錄》為屍體檢查經

101 《文天祥全集》，卷八，《金匱歌序》。

驗的法醫學名著，是中國也是世界上第一部法醫專著[102]。大約與此同時，吉州的趙與揲，字維城，也寫有同類著作，在勘驗現場、正確判案等方面，對宋慈之書有輔助作用。文天祥介紹說：近世宋慈《洗冤錄》於檢覆為甚備，吾邦趙與揲，「有志乎民，反覆駁難，推究其極，於宋氏有羽翼之功矣」。令人遺憾的是，我們無從知道這「羽翼之功」的具體內容。此外，南昌的龔日昇審案嚴明，知盧陵縣期間寫《帥正錄》。不知該書是否以屍體檢驗為主，然其所謂「帥正」，是有助於依法公正斷案。文天祥為之寫序曰：龔日昇宰盧陵，「其聽訟必據經守法，不肯少委折以貳民聽。凡斷筆，備書之冊。踰年，凡三帙，名曰《帥正錄》……盧陵訟最繁，自君視事，日以銷殺，從所帥也」[103]。

---

102 宋慈《洗冤錄集》是全世界最早的法醫專著，比意大利人佛圖納圖・菲得利寫成於一六〇二年的《醫生的報告》，要早三五〇餘年。此書先後被譯成朝、日、法、英、荷、德、俄等多種文字，許多國家至今仍在研究它，影響非常深遠，在世界醫藥學史、法醫學史、科技史上留下光輝的一頁。宋慈在書中貫徹「不聽陳言只聽天」的求實求真的科學精神，值得發揚光大。

103 《文天祥全集》，卷八，《趙維城洗冤錄序》、《龔知縣帥正錄序》。

第十章

佛道宗教與
風水等習俗

民情風俗以客觀生存環境為基礎，隨時代而變異，而地區性和習慣性特強。「一方水土養一方人」，從民情風俗中可以窺見地區歷史演進的軌跡以及該地社會發展的特色。

中國歷史從唐代開始進入大轉型時期，而到南宋階段已經完成了這個轉變。租佃制生產關係的普遍發展，使普通地主經濟蓬勃上升，而科舉制度的全面實行，考試選官制度為普通地主進入政治集團，提供了前所未有的機會。與往昔少數世家士族獨享特權的壟斷時代比較，如今是士庶競爭，各顯神通的自由時代，不論是官爵還是財富，都在疾速變換之中。三十年河東，三十年河西。人們普遍感覺到時運不常，命運難以把握，而立志自強又可能青雲直上。故而高談心性命理者有之，講究事功實學者亦有之；張揚氣節者有之，趨炎附勢者亦有之；宿學鴻儒可能在科舉中失利，官運亨通者也許是缺德兼無才。日常生活中的窮通順逆變異，無不在觀念形態中記憶下來。

於是，小民備受欺壓之際，面對酷吏豪霸妄作威福，雖也逆來順受，卻不能不習學訴訟。腐敗的吏治，促使佛道更易深入鄉村，民皆禮敬神佛，祈求護佑，得個精神寄託。大家承認，「今士大夫至田夫野老，人人喜於談命，故其書滿天下」；風水之術盛行，揚言「吉地能使子孫富貴，而富貴不必皆賢」，墓葬中有了更多的現世追求。江西既有尚訟、珥筆之譏，又有「地理之學」尤盛之譽。鑒於病疫肆虐，災害頻仍，醫藥不足以防治的實際，巫術依舊流行。現實中的土地兼併無時無處不有，江西人善為　券占人田產，延伸到墓穴中也需埋塊「買地券」，以便在陰曹地府確保墳地權屬。書院教育發達起來之後，科舉進士多了，

官宦士紳階層壯大了，不僅是仁義道德之風吹遍城鄉，滅不勝滅的「人欲」與複雜尖銳的矛盾交織，人們對來生的追求日益迫切，在虛幻世界的精神寄託也更多了。

第一節 ▶ 官府對佛道宗教的管理與利用

兩宋之際的戰亂，佛道宗教也受到不同程度的打擊，寺觀破敗，僧道星散。宋金對峙形勢漸趨穩定之後，佛道兩家重新活躍起來，「已墜者興，已壞者成」。紹興年間有人指出：「近年僧徒猥多，寺院填溢，冗濫奸蠹，其勢日甚」。紹興二十六年（1156年）高宗問當今僧道人數有多少？一位官員回答：「道士止萬人，僧有二十萬人」[1]，人數有所下降。江南各地比較，延續至南宋中後期，江西處於中間位置，朝中大臣吳潛指出：「寺觀所在不同，湖南不如江西，江西不如兩浙，兩浙不如閩中」。[2]

一 對佛道的管理

南宋朝廷對佛道等宗教的基本政策，是兼容而利用。孝宗曾經寫《原道辨》，大概意思是儒佛道三教本不相遠，只是所施不同，至其末流，愚昧者偏執而自為差異。孝宗認為，應該是「以佛修心，以道養生，以儒治世」。大臣中有人向他提出，這是本

1　《宋會要輯稿》，道釋一之三四。
2　吳潛：《許國公奏議》，卷二，《奏論計畝官會一貫有九害》。

欲融會而自生分別，《大學》的思想，自格物致知到平天下，可以修心，可以養生，可以治世，無所處而不當，何必借重佛、老之說。孝宗沒有理會這種意見，只是將文章名改作《三教論》。這種不同見解，反映了是否排斥佛老的策略區別。孝宗的表述自然是更高明的，是帝王之術。綜觀社會實際，眾生以什麼樣的主張「修心」「養生」，根本統制不了，即使在士大夫中間，也不是一個模式。抓住了「治世」一條，就保住了統治地位，其他都可以寬容。

鑒於南宋的社會多戰亂的實際，有的佛僧主動參與對金兵、對潰兵流寇的打擊，發揮了積極作用。朝廷對他們的功勞予以肯定，高宗曾賜給大洪山僧守珍官爵，其詔令寫道：「頃者群盜鼓行，攻圍城邑，汝營塢壁，招輯鄉閭，既衛善良，亦除凶慝。其忠可彔，何惜一官，尚勉之哉，毋忘後效」。[3]對那些有影響的佛教高僧、地方神聖，照樣給予表彰。紹興三十二年（1162年）九月，給贛州寧都縣乎惠廟神「特封靈應侯」。孝宗給廬山圓通寺圓鑑和尚賜號佛照禪師。

官府對佛道的管理是多方面的，表現在差派佛寺主持人，保護張天師權威，對僧道徵收免丁錢、賣度牒等方面，而財政上的掌控更突出。

第一，官派住持僧，維護張天師的嗣教權威。佛寺的住持

3　汪藻：《浮溪集》，卷八，《大洪山僧守珍補承節郎制》。大洪山在湖北隨縣。

僧，由所在州軍差派。南康軍寺僧因爭任住持職位，向江東提刑吳雨岩控告現任住持僧，吳雨岩的批文認為：「僧家以無爭為三昧」，此種訴訟事自不當施行，南康軍可逕自區處，但是「州郡差住持，若或出於私，則人必不服，此是根源。知郡賢明，所差必公，當無此慮」。[4]這個批文是對南康軍派住持僧工作的分析與期望，同時表明地方官府對寺僧進行管轄的事實。

貴溪龍虎山張天師的職責與權威，由官府加以保護。現任張天師的叔父張希說，擅自刻印章，製作符籙，侵犯了天師的職權，被信州追逮系獄。江東路與信州以政法手段制裁張天師的叔父，間接透視出張天師必須遵守政令，接受官府的管理。

第二，經濟上實施控制。對僧道徵收免丁錢，開始於紹興十五年（1145 年）。這年正月，臣僚言：民戶都要交納免役錢，官戶、形勢戶也不能例外，唯有僧尼、道士既免丁錢，又無別的輸納，逍遙閒逸，有失公平。於是在正月二十七日「令僧道隨等級高下出免丁錢，庶得與官民戶事體均一」。免丁錢數額，按照戶部的徵收方案執行。佛教中的律院、十方教院、講院，一般僧人每名納錢五貫文省，最高的是主持僧、職法師，每名納錢十五貫文省；十方禪院的普通僧眾，每名納錢兩貫文省，最高的為主持長老，每名納錢十貫文省。道教宮觀的一般道士，每名納錢二貫文省，最高的是知觀法師，每名納錢八貫文省。[5]對不耕而食、

4　《名公書判清明集》，卷一一，《爭住持》。第 406 頁。
5　《宋會要輯稿》，食貨十二之九。

不織而衣的僧道徵收免丁錢，其合理性無可置疑；它對抑制佛道氾濫，避免勞動力流失，也有一定積極作用。這個政令於此時頒佈實行，是南宋朝廷特別需要錢用。在徵收的數額上，區別佛教、道教，佛教中又將禪宗單列出來，該是針對它們的財產狀況而定的，由此可以窺見它們各自的富裕差別。

僧道中病廢殘疾者不要交納「免丁錢」。年老者也不交，開始時規定年六十歲以上者優免，後改為七十歲以上。

與徵收普通民戶的賦稅一樣，名氣大的寺院宮觀中的僧尼、道士，都與宰執大臣、皇親貴戚有交往，往往可以獲得特權保護，奉旨豁免丁錢。這時，州縣就把這部分稅額轉嫁到民戶，「大為人患」。

第三，控制僧道人數，資格認定權掌握在朝廷手中。僧道必須買得政府頒發的度牒，才有合法的資格。度牒即是合法證明書，它由祠部印成，北宋治平四年（1067 年）開始出賣。南宋初軍興費廣，用度多仰賴度牒，每年所賣不少於一萬張。初以黃紙製作，容易偽造，建炎三年八月改用綾紙，仿茶鹽鈔法，用朱印合同號，增綾紙工直錢十緡，每張賣一二〇貫。紹興五年改為絹，七年再改為綾紙。後增價為兩百貫，不久逐漸下跌至三十貫。紹興十三年（1143 年）停止出賣。三十一年（1161 年）春，金主完顏亮欲發兵南侵，南宋得信，緊急加強戰備，為了籌集軍費，恢復出賣度牒，每張增至五百貫。隆興初（1163 年），減為三百貫，發二萬張於江、浙、福建、湖南出賣，限一個季度賣完，州縣皆抑配於民，造成大騷擾。至乾道五年（1169 年）共賣度牒十二萬餘張。

淳熙四年（1177 年）每張度牒價上漲為四五〇貫。紹熙三年（1192 年），因為亡故僧道的度牒絕少繳回，顯然有被重複使用之弊，乃增價為八百貫。「然僧、道士有金錢而度牒不可得，故蜀中度牒官直千引，而民間至千六百引」。以賣出的度牒估算，三十年間「失十萬農」。農為國之本，從賦稅、壯丁的來源考慮，農民減少對南宋統治不利；從彌補財政缺額方面著想，南宋政府又需要賣度牒。

淳熙十四年（1187 年）江西以度牒糴米，要求「先刷五萬緡，趁時收糴」，但是度牒難賣，使州縣困於科擾，百姓遭罪。後來迫於各方壓力，不得不將度牒收回，改用上供錢糴米。在四川，駐軍以度牒賣錢補充酒課，僧徒在嘉泰二年（1202 年）已經輸錢至十五年。朱熹為浙江東路提舉，遇到饑荒無錢賑濟，請朝廷發給度牒出賣換錢。東南軍糧儲備，依賴和糴江、浙、湖南稻米，而本錢只是官告、度牒、鈔引，極少錢幣。

通南宋一代，每遇財政緊張，需要大筆花錢之時，就會發下度牒，一次又一次重複出現。「開禧邊釁之啟，帑用不繼，給牒頗多，不惟下得輕視，壅積弗售，而不耕之夫驟增數十萬，最為今日深蠹」[6]。所以，度牒對南宋朝廷而言，借其控制佛道，不使過度膨脹是次要的，而借度牒賣錢緩解財政困難，隨時上升為首要的直接目的。所以說，賣度牒「自紹興以來，已為緩急所仰，不可復廢矣」[7]。

6　岳珂：《愧郯錄》，卷九。
7　李心傳：《建炎以來朝野雜記》，甲集卷一五，《祠部度牒》。

二　對佛寺的利用

南宋官府對佛教的利用，應該是全方位的，政治上利用其「治心」，發揮其銷蝕民眾反抗官府的情緒，起到支持統治的作用，經濟上利用寺院建築作為公房使用，解決一些官員住房困難問題。這裡主要是敘述後一種利用。官僚以寺院作旅舍，成為制度性的常事。紹興後期，校書郎張孝祥上奏：

臣伏見指揮臣僚陳請，州縣僧寺官員見住者，限三年起離，今年將已限滿。臣竊惟朝廷住賣度牒之久，僧徒浸少，所在佛屋例多空閒。往者中興之初，西北士人渡江，嘗有指揮許於僧寺安下。休兵以來，雖間亦自造住屋，然其間實有窮困者，卒歲之計猶且不給，豈有餘力可以買地建宅。今緣年限將滿，僧徒漸敢無禮迫逐，或結托官吏，迫以威勢，流落之士極為狼狽。臣又聞紹興府、福州、泉州宗司，及南班宗室皆在僧寺，格以新制，則此官府亦合遷起，若別行營繕，豈惟州縣甚有所費，而工役之多，又復重擾百姓。伏望陛下矜恤，特賜睿旨，將昨降寄居僧寺限三年起移指揮，更不施行，庶使僑寓之士數百千家，皆均被上恩，不致失所，取進止。[8]

這份奏章告訴我們寺院成了官舍的四種表現，一是南宋初期

8　張孝祥：《於湖集》，卷一六，《乞不施行官員限三年起離僧寺寄居札子》。

安頓北來官員，二是由暫住變成了長住，三是紹興府等四所宗司皆駐寺院，四是僑寓寺院的官員眾多。如此這般，導致寺僧不滿，出現「無禮迫逐」的反抗。原本是南宋初年的權宜措施，演變為長期沿用的事實，根本原因是財政困難。窮困的官員無力自造住屋，需要在佛寺安家；甚至宗正司這樣的官衙，也設在其中，足見「窮」的程度和占用的普遍性。另一方面，佛寺眾多、屋宇富裕的情狀，於此可見一斑。

張孝祥說「僑寓之士數百千家」，實際還不止此數。因為不僅是僑寓者，還有南方本地的官員；也不只是紹興年間才如此苟且，孝宗以後仍有此事。吉州周必大，官至宰相，一直把盧陵永和鎮本覺寺定作回鄉住地，而且他到臨安京師，也是多次「權寓普惠院」。這就不能不想到，官僚與寺僧的緊密交往，佛教對官府的依傍和臣順，正可以從寺廟變做官舍中得到印證。這裡可以張孝祥的一件事為證來說明二者之關係：他為撫州知州時，曾敦請道顏禪師為報恩寺住持。[9]他發出的請束公函以最純正的禪宗詞彙，寫成佛家的書信，其文態度誠懇，言詞親切，毫無官僚衙門的命令口吻，更嫻熟地運用佛門掌故，僧家用語，表達對道顏禪師的景仰心情，全然是釋迦子弟的內學交流，根本不像是儒家學者的作品。他們以朝廷命官身分發出請束，僧人必感榮寵；反之，這些官僚駕臨寺院，一定會受到報賞，那些驛站、官舍怎能與之比較。

9　詳見《於湖集》卷二五，《請道顏住撫州報恩疏》。

第二節 ▶ 佛教的傳播

一 士大夫和佛僧的交往

士大夫官僚和佛僧的關係一般說來是密切而和諧的。之所以密切，是源於義理上的爭鬥、交鋒與聯繫。從魏晉以來，儒佛二家的理論辯難從未停歇，雙方在不情願之中走向靠攏，逐漸吸收對方的思想成分，由對立演化為合流。這種過程在宋代繼續發展，南宋的理學家對佛學研究的普遍深入，而有學問的僧人例皆熟悉儒經。我們看到，儒家學者在相互問難之時會把儒佛二家進行比較，不管這種討論的結果如何，對二者的聯繫和瞭解則是促進的。

從現實生活考察，一方面寺廟中經常有官員遊觀，乃至住宿，彼此詩文唱和，切磋學問，交往不比士人之間更差。

另一方面，許多地方長吏寫文書請僧人為住持。這樣做的效果，密切了雙方關係，提高了僧侶的名望，也將使佛僧更忠誠於官府，當然也就更增進了官紳和寺僧的友誼。可以說這是官府和宗教、儒士與佛僧相互為用的妙招。張孝祥《請道顏住撫州報恩疏》是一個典型事例，這裡再舉趙善括為例。他任新建縣知縣期間，為縣裡寫過《請光孝長老疏》，以佛門信徒的口吻說話，絲毫沒有州縣長官的脾氣，運用充滿禪味的詞語，表現為友善的禮貌敦請，不是居高臨下的命令。疏文說：

> 臨濟十方坐斷，總是道場；徑山一句曾提，都稱法嗣……我子詮公和尚，密傳心印，明續惠燈……無絃琴彈到妙處，沒縫塔

直要立成。既專呵佛罵祖之威，宜有說法為人之意……政虛光孝叢林，敬俟應緣瓶錫。一條掛杖，挑取虎丘月來；百尺竿頭，吸盡西江水去。**10**

　　儒學士大夫願意和佛僧交遊，一個重要原因是敬重對方的品德，為高僧們篤行其道，終生不逾的修持所感動。劉克莊為祖賢禪師（1184-1239 年）寫塔銘，說他是撫州金溪人，俗姓饒，幼年出家疎山寺。遊方求道，極為勤苦，嘉定八年（1215 年）在福建囊山辟支巖，「上絕頂趺坐，日啖乾糧半掬，既盡，代以草根木實」。六年後改住筱塘山的廢庵，所居僅容一榻，自奉如辟支時。對求學者曰：佛在心不在跡，佛在近不在遠。有人發願求來世之報，他說：勿妄想。有儒者與他論「持敬」，他曰：「敬足矣，猶待於持，何也？」由於祖賢「志行堅確，滋味淡薄，窮不改變，老不退惰，所以持之者至矣」。劉克莊對祖賢的評價是：參徹千經萬論，而付之一默，行遍五湖四海，而歸於一室，「賢於种放、常秩輩遠矣」。寫這篇塔銘的目的，既是「警其徒，亦所以愧學士大夫」**11**。以僧人的堅毅操行羞愧士大夫，放棄儒者獨尊的盲目高傲，檢討儒士言行背離的痼疾，這是實事求是的態度。

　　朱熹在學術權威上從不輕易讓人，然而也曾教人以某位和尚

10　趙善括：《應齋雜著》，卷四，《新建縣請光孝長老疏》。
11　劉克莊：《後村集》，卷三九，《賢首座塔銘》。

為榜樣。他在讀書筆記中說：「釋氏有清草堂者，有名叢林間，其始學時，若無所入。有告之者曰：子不見貓之捕鼠乎，四足據地，首尾一直，目睛不瞬，心無它念，唯其不動，動則鼠無所逃矣。清用其言，乃有所入。彼之所學，雖與吾異，然其所以得之者，則無彼此之殊，學者宜以是而自警也。」[12]教人求學要專注，心無旁騖，像貓捕鼠那樣集中精力，這是很有普遍意義。應該看到，能否堅持做到，不僅是方法的選擇，首先是人生目標的確立。清草和尚做到了畢生專注，值得傚傚，朱熹沒有因其為釋教而輕視。換一個角度說，寺僧對士大夫的觀察，也是真心敬重文節俱高者。

二　佛寺的重建與僧眾的活動

南宋初期的戰亂兵災基本結束之後，各地的佛寺又漸次重建起來。盧山周圍的佛寺道觀，因建炎年間流寇李成、何世清二股軍隊以盧山為巢穴，遂被焚蕩無餘。戰亂過後，這些寺觀先後大興土木，逐個重建，恢復一新。乾道六年（1170 年），陸游到盧山遊觀，見山外的太平興國宮極為宏壯，山中的東林、太平、興龍寺、華嚴羅漢閣、盧舍閣、鐘樓等，「皆極天下之壯麗，雖閩浙名藍所不能逮」。對此形勢，朱熹極感憤慨，他將白鹿洞書院與之比較，說「中興五十年，釋老之宮圮於寇戎者，斧斤之聲相聞，各復其初，獨此地委於蓁莽」。存在這種差異，不僅是當地

12　朱熹：《晦庵集》，卷七一，《偶讀漫記》。

官府對書院教育冷漠，還有地方財政短缺的困難以及衙門辦事的弊病。僧人重建寺廟，往往懷著虔誠的心境，勇猛精進地勞作，故能剋期竣工。

富裕的信徒在金錢上的捐助，是廟宇迅速復興的關鍵。靖安縣寶峰寺焚燬於南宋初，官紳張保義出資重建，「又置田數千畝，以贍常住」，使該寺再一次成為當地的壯麗名勝。這位張保義，原是靖安縣朝山村屠夫，建炎年間捍禦寇賊有功，得官，故「貲產甚富」。據稱其錢不勝其多，以至築土庫數十所，作為貯積之處。他與寶峰寺主僧景祥熟悉，遂發願獨力重建寺廟。[13]

修水黃龍山崇恩禪院，北宋時期，有祖師慧南的威望，「學者之盛名天下」，殿宇建造得宏壯巨麗，但歷經南宋初期的戰亂，人散殿毀，成了草莽丘墟。紹興和議以後，時局轉趨安定，寺僧努力二十多年，又粲然復興，「樓塔殿閣空翔地踴，鐘魚之聲聞十餘裡，法席之盛殆庶幾南公時」。對黃龍寺的這種興衰變化，陸游在乾道三年（1167 年）寫道：「自浮屠氏之說盛於天下，其學者尤喜治宮室，窮極侈靡，儒者或病焉。然其成也，無政令期會，惟太平久，公私饒餘，師與弟子四出丐乞，積累歲月而後能舉；其壞也無衛守誰何，一日寇至，則立為草莽丘墟」。主持重修黃龍寺的禪師升公，志在「以身任道，起其法於將墜」，所以雖然沒有官府的政令權威，卻能「丐乞」社會餘財，

13　洪邁：《夷堅志》，乙志卷九，《張保義》。

實現宏願。**14**

　　陸游認為，這些寺僧留給世人的有益啟迪在於，他們「無冠冕軒車府寺以為尊也，無官屬胥吏徒隸以為奉也，無鞭笞刀鋸圄圉桎梏，與夫金錢粟帛爵秩祿位以為刑且賞也」，卻能很快做成奇偉事業；而「士大夫操尊權、席利勢、假命令之重，耗府庫之積，而玩歲愒日，事功弗昭，又遺患於後」，比較寺僧們，豈不重可慚愧！陸遊說，為他們著文記事，既是承諾其請，也是借其事「以勵吾黨」。權衡輕重之後，發現處高位者手握權勢搞腐敗，不能辦實事，而寺僧竟能勵精圖治，以有限之力做成大事，這是南宋的悲哀。

　　寺院與僧眾，自然良莠不齊，不會只有一面。人們看到，以「空」為口號的佛寺也經營產業，成為富有的土地所有者，「今寺僧輒作庫質錢取利，謂之『長生庫』，至為鄙惡」**15**。南城縣資聖寺的長老，放債收息錢，曾「貸錢十千」給建昌軍孔目吏范荀，「為子納婦」之用。徐以寧在吉州監瞻軍酒庫期間，其父曾寓居南城資聖寺，寺僧即借此官老爺的名氣牟利，「用常住物假其名以規利」**16**。建昌軍新城縣（今黎川縣）妙智寺，「有田皆上腴」。饒州鄱陽城下六所禪剎，其中東湖薦福寺最大，安國寺最富。薦福寺據有東湖，出產的蓮藕菱芡，就足夠眾多僧侶的生

14　陸游：《渭南文集》，卷一七，《黃龍山崇恩禪院三門記》。
15　《老學庵筆記》，卷六。
16　洪邁：《夷堅志》支甲卷六，《資聖土地》。

活費用；安國寺的僧人「據莊園地池之入，資用饒給，勝於他剎，名為禪林，而所畜僧行，皆土人相承，以牟利自潤」[17]。信州貴溪縣明覺寺經營高利貸，銀錢進出量很大，縣衙都要藉助於他們。紹熙三年（1192 年），貴溪知縣李正通主持建造上清橋，「留錢五十萬於明覺浮屠氏，使自為質貸」，而後每年得其利息的五分之一，作為維修浮橋的費用。[18]

寺院土地的來源，有一部分是民戶施捨充作常住，使寺僧照管其家墳墓，在寺內辟一間堂屋，備時節祭享。之所以這樣做，是他們認為：可以「憑藉佛靈，與之超度，使死者免為餓鬼於地下，亦仁義之一端」[19]。所謂仁義，實即墓葬風水觀念與佛門果報信條的結合。

僧人也為病家做法事，與道士做道場形式上有所不同，實質上則沒有區別。撫州宜黃縣大財主鄒智明，突發惡疾，昏昏不省人事，有一天開口對其妻說：請師叔。這個師叔，即其出家為僧的房叔，住持臨江寺，能夠誦《孔雀明王經》。請來之後，他要求在房外鋪設佛像，而即床前誦經。[20]財主篤信因果報應，僧人唸經得到施捨，二者互有需求。

僧人自謂，佛門如田地，谷穗與稗草同在，僧寺中的腐敗並不少見。崇仁歐陽澈上奏說：「僧寺多田者，或至百頃，而養僧

17　洪邁：《夷堅志》乙志卷三，《安國寺僧》。
18　朱熹：《晦庵集》，卷八〇，《信州貴溪縣上清橋記》。
19　《名公書判清明集》，卷一三，《叔誣告侄女身死不明》。第 503 頁。
20　洪邁：《夷堅志》，丙志卷一，《孔雀逐厲鬼》。

不逾百員者有之。故凡諸路大禪剎多者為奸猾之僧，賂賄監司郡守而求住持，酣酒嗜肉而不為焚修者有之。營私克財而不養僧眾者有之。狂妖優倡而不修戒行者有之。故每住一剎，則斂國家之常住，以為親戚之私藏者，比比皆是。」**21**

第三節 ▶ 道教的傳播

一　南宗道教與符籙派

　　道教在南宋發展趨盛，分成南宗、北宗，並有符籙派、丹鼎派的區別。江西道教的中心基地仍然是龍虎山、玉笥山、閣皂山、麻姑山，門派以南宗符籙派為主。

　　北宗祖師王喆（1112-1170 年），號重陽子，咸陽人。他是金朝道士，全真教創始人，世稱重陽真人。金世宗大定七年（1167 年）赴山東寧海（今山東牟平）傳道，築全真庵，遂創全真教。主張道、佛、儒平等，三教合一，說「儒門釋戶道相通，三教從來一祖風」，以道家的《道德經》、儒家的《孝經》、佛家的《般若波羅蜜心經》為必修經典，認為修道即修心，除情去欲，存思靜定，心地清靜便是修行的真捷徑。他們不尚符籙，不事黃白，也不信白日飛昇之說。王喆又制定道士出家的一套制度。其徒馬鈺、譚處端、劉處玄、丘處機、王處一、郝大通、孫

21　歐陽澈：《歐陽脩撰集》，卷三，《上皇帝第三書》。

不二號全真七子（北宗七真）。

　　道教南宗，是南宋時瓊州人白玉蟾所創的金丹派（一作丹鼎派）。因其丹法源自張百端，故以張百端為祖師，奉張百端撰寫的《悟真篇》為主要經典，主張性命雙修，也主張三教合一，說「教雖三分，道乃歸一」。教徒大多在南方，故稱「南宗」。南宗的傳承次第是：張百端傳石泰，石泰授薛道光，薛道光授陳楠，陳楠授白玉蟾，史稱「南宗五祖」。南宗的代表人一般都有較好的學術修養，受理學和佛教禪學的影響，擅長於理論著述，特別是對丹鼎修練理論有深入的見解，勝過北宗全真道。北宗全真道致力於發展組織，後來與元朝關係密切，政治地位高，這一點是南宗所欠缺的。

　　龍虎山張天師道教屬於南宗符籙派，以符水治病，祈福禳災為行道的主要手段，不像丹鼎派那樣側重煉丹養生。由於張天師世代以畫符捉鬼聞名，故而《水滸傳》編寫了張天師進京「祈禳瘟疫」的故事。紹興二十九年（1159 年）二月，高宗「詔：信州上清正一宮道士張守真，特封正應先生」。張守真，即第三十二代天師。

二　富有的著名道觀

　　南宋江西各地的道教繼續盛行，大小道觀眾多，它們都占有不少田產。紹興二十八年（1158 年）九月禮部奏報說：「江南西路州縣道觀多有撥賜田產，近來至有全無道士去處，其田產盡為

他人侵耕盜用」[22]。這是建炎、紹興年間戰亂的創傷，也是道教宮觀獲得朝廷照顧，尤其是那些指定設祠祿官提舉的大宮觀，享有特權的證明。江州太平興國宮、洪州玉隆萬壽宮、建昌（南城）仙都觀，都是設有祠祿官的重點宮觀，規模很大，田產廣眾。麻姑山仙都觀，建在半山腰的大谷地中，有大片良田，「兩山之間泉流不絕，良田迭出，幾萬畝，未嘗旱潦，皆觀中常住也」[23]。

太平興國宮是皇家扶植起來的，氣派更非一般。乾道五年（1169 年）陸游入蜀，途徑江州，游廬山，見太平宮依舊壯麗非凡。他寫道：「（八月）八日早，由山路至太平興國宮，門庭氣像極宏壯。正殿為九天採訪使者像，袞冕如帝者……有鐘樓，高十許丈，三層，累磚而成，不用一木，而欄栱翬飛，雖木工之良者不能加也。但鐘為磚所掩蔽，聲不甚揚，亦是一病。觀主胡思齊云：『此一樓為費三萬緡，鐘重二萬四千餘斤』。又有經藏，亦佳，匾曰『雲章瓊室』。太平規模大概類南昌之玉隆。然玉隆不經焚，尚有古趣為勝也。」[24]太平興國宮在北宋徽宗宣和年間有道士三數千人，崇軒華構，彌山架壑，田產散在旁縣，共計三十六區，是個龐大的道教世界。後經建炎、紹興兵禍，焚蕩之

22　《宋會輯稿》，食貨五十三之二十七。

23　周必大：《文忠集》，卷一六五，《歸廬陵日記》。有研究者將麻姑山的這片水田當作山區梯田論述，這不符實際。到實地考察會發現，仙都觀附近的田處於比較平緩的大田阪中，沒有梯田景觀。

24　陸游：《渭南文集》，卷四六，《入蜀記》。

餘，又能很快重建起來，依舊呈現宏偉的氣象。僅一鐘樓即費錢三萬緡，總的重建經費更不知要超過多少倍。

　　試將太平宮的財力和附近的州縣作一比較。在陸游記述太平宮之後十年，朱熹在淳熙六年（1179 年）知南康軍，曾商議把南康軍衙門從星子縣搬遷至湖口縣，然而「移治所費，少亦不下數萬緡，不知何從所出」？[25]搬遷一個州軍官署的費用，和道觀建築一座鐘樓相等。佛道宗教消耗社會財富之巨，由此可見一斑。陸游還告訴人們，江州太平興國宮並非最豪華宏壯，只大概類似南昌西山的玉隆萬壽觀，則玉隆觀的壯麗氣勢不比太平宮差小。

　　臨江軍三縣之中有兩大道觀：新淦縣玉笥山梅仙觀（今屬峽江縣），清江縣閣皂山崇真宮，道教的氣氛很濃。在玉笥山修道的人中不乏儒生學者，新淦人王　，字德升，原本習舉子業，但是困躓場屋，遂遁入玉笥山，依道士潘與齡，獨居白雲齋十餘年，了卻一生。

　　閣皂山崇真宮的房舍多達一五〇〇餘間，常住道士五百餘人。周必大於乾道九年（1173 年）入山遊觀，稱「江湖宮觀未有盛於此者」[26]。

　　寺觀貯積與消耗的巨量錢財，除了朝廷賜予，還有官宦鄉紳等信徒的施捨。南城麻姑山仙都觀重建大殿，周必大妻王氏施錢三十萬緡。廬山圓通寺新建佛殿，施主劉必達供錢一百萬緡。

25　朱熹：《晦庵集》，卷一六，《論南康移治利害札子》。
26　周必大：《文忠集》，卷八〇，《臨江軍閣皂山崇真宮記》。

三 道士在社會上的活動

道士掌握了畫符唸咒、祈福禳災的手法，故而社會生活中見到的道士，有街市賣藥、診病者，而更多的時候是出現在喪葬事務中。臨江軍閣皂山道士譚師一在社會上有很大影響，臨安人徐百祿為其弟徐達可超度亡靈，特遠道而來請他去做「黃籙醮」[27]。隆興府新吳縣（今奉新）鄒道士，專攻煉丹，以丹藥為人治病著名。民眾要道士到家裡做法事，有時是醫藥治病無效，才退而求其次，寄希望於虛無之中。如南康知軍甄錡，感疾，日漸嚴重，「醫者已束手」，他的兩個兒子遂去天慶觀禮請道士，在知軍官署內「建醮」，官吏們對道士「備極誠敬。至供獻、器皿、匕箸皆易以新者」。地方長官輕棄醫藥，把衙門變做道場，對百姓是一個壞榜樣。[28]

普通道士的生活，相對清苦。農村經濟發達的吉州，有的道觀田產很少，能夠維持幾個人的衣食就算不錯，平日主要是替人做道場。走上這條生活道路的人，都來自貧弱之家。歐陽守道說，做道士，「計其間無可利，顧不知何以願為其徒者之代不乏也」。今天，「惟閭裡少弱之子，誤投其身，不克自返，勢不得不終老於此，亦可悲也」。盧陵南鄉回仙觀道士劉慶椿，「自言觀無常產，其師於歉歲命主觀事」。今歲收成稍好，「鄉人頗有

---

27 洪邁：《夷堅志》，甲志卷七，《徐達可》：「承節郎徐達可臨安人，監行在榷貨務門，以淳熙五年（1178年）卒，其兄百祿素友愛，哀念之甚切，招臨江道士譚師一至家，建設黃籙醮」。

28 洪邁：《夷堅志》，甲志卷六，《甄錡家醮》。

施錢谷者，師以為易為也，復自主之」。劉慶椿遂離開回仙觀。「嗚呼！予行四方之跡少，未嘗見大宮觀，第以吾鄉之觀，雖有田業之處，一道士所得食，或不過五六斛，而衣服百須皆無所出，或觀而無田者，生計尤難，故往往為丹藥、符籙、禳解之術，以投合夫見信者，以糊其口」[29]。由此可知，不少道士處於社會下層，那幾個大宮觀不能涵蓋全體。

　　道士們受喪家之請，主持安葬事務時，都要使用羅盤測定墓穴方位。一九八五年五月，在撫州臨川縣溫泉鄉莫源李村的窯背山，一座慶元四年（1198 年）朱濟南墓中，出土了手抱羅盤的道士瓷俑，是最有說服力的物證。墓中同時出土的「地券」云：

> 子孫昌熾，永保休吉。知見人張堅固，保人李定度，書人天官道士。故邪精不得忤怪，先有居者速去萬里。若違此約，地符主吏自當其禍。孝宅內外存亡同皆安吉。急急如太上律令！敕。

　　所稱的「天官道士」、「太上律令」，令「邪精不得忤怪」、保「存亡同皆安吉」，特顯道教信徒對墓葬的深入參與，而此瓷俑則是道士最早使用羅盤指南針的重要實物證據。

　　在這件瓷俑的底座上，墨書「張仙人」三字，表明他是擁有、使用這種旱羅盤的人。「張仙人」題記，該是指某一位張姓道士，甚至就是張天師。安置此件瓷俑，意在借其聲威以為墓主

29　歐陽守道：《巽齋文集》，卷一○，《贈劉道士序》。

或喪葬之家提供某種宗教慰藉及保障。

在道士、佛僧合力營造的祈禳氣氛中，出現了相關的民俗活動。江州地區的民俗中，有「上觀」、「放燈」之舉，很壯觀。廬山周圍民眾每年八月初一至初七，紛紛去太平興國宮焚香，謂之「上觀」。陸游在乾道六年（1170 年）八月七日看到：自江州城至太平興國宮三十里，「車馬及徒行者，憧憧不絕」。東林寺也舉行白蓮會，但沒有太平宮旺盛。在初六夜晚，陸游還看見有大燈球數百，自湓浦敝江而下，流至江面廣闊之處，分散漸遠，赫然如繁星麗天。他問當地人說：這是一家「放五百碗，以禳災祈福」。[30]

道士完全生活在民眾之中，不法道士的劣跡也受到民眾的譴責。陸九淵曾經對龍虎山時任天師張德清說：「又聞有不肖道士，以淫佚不軌之事，誘引小子健訟，以相誣毀」。九淵開導張德清不要和流俗計較勝負，應該去除俗陋鄙狠之習，需考慮「道之勝負」，做真天師，而非俗天師。[31]通讀陸九淵此信，可知龍虎山道士對鄉民的經濟生活侵害不輕。

30　陸游：《入蜀記》。
31　《象山全集》，卷一四，《與張德清》。

第四節 ▶ 摩尼教等民間宗教信仰

一　摩尼教的傳播

　　摩尼教，又名明教、末尼教、明尊教，也稱食菜事魔，為波斯（今伊朗）人摩尼在西元三世紀創立，七世紀末傳入中國。主要教義為「崇尚光明，反對黑暗」，吸收佛教的某些主張，提倡素食，倡導平等互助。信仰者為下層民眾，沒有投靠朝廷，不與官府合作，處於非法地位。因此，摩尼教成為人民反抗封建壓迫的精神武器，多次被農民起義者用來發動和組織群眾，所以經常遭到殘酷鎮壓。

　　北宋末年浙江方臘起義，即是摩尼教徒為主體的大起義，江西信州、饒州一帶有許多群眾參加。「每鄉或村，有一二桀黠謂之魔頭，盡桑其鄉村之人姓氏，名之相與誼盟，為事魔之黨。凡事魔者，不食肉，而一家有事，同黨之人皆出力以相賑恤」。他們「夜聚曉散」，燒香、燃燈、設齋、誦經，千百為群，集體行動，「有斗訟則合謀併力，共出金錢，厚賂胥吏，必勝乃已。每遇營造，陰相部勒，嘯呼所及，跨縣連州，工匠役徒，悉出其黨，什器資糧，隨即備具」。十分明顯的民眾互助性質，使它在下層社會有群眾基礎。當時徽宗調用邊防禁軍才把方臘起義鎮壓下去，隨之對摩尼教嚴加禁止。然而「法禁愈嚴，而事魔之俗愈不可勝禁」。他們之所以禁不勝禁，要冒死抗爭，不是因其「一家有事，同黨之人皆出力」相助，而是不堪官府的欺壓剝削。

　　南宋建炎四年（1130 年），信州貴溪縣摩尼教徒王唸經再次發動起義，「聚眾數萬」，反抗饒州知州連南夫、信州知州陳機

的殘暴統治。當時御史中丞趙鼎上奏說：「饒、信魔賊未除」，「乃社稷存亡至危之幾」。摩尼教在這裡比較普及，「饒之安仁（今餘江）與信接境，民習妖為寇，呼吸至數萬」[32]。摩尼教徒的起義遭血腥鎮壓，「受討伐之任者，往往縱鋒刃擒獮之」，僅貴溪、弋陽兩縣據說有二十萬民眾被屠殺了。這次起義失敗了，但摩尼教的傳播並沒有斷絕。

紹興中，廖剛上奏說：「今之吃菜事魔，傳習妖教」，是以左道亂政。他瞭解的情況是：「臣訪聞兩浙、江東西，此風方熾。倡自一夫，其徒至於千百為群，陰結死黨，犯罪則人出千錢或五百行賕，死則人執柴一枝燒焚，不用棺槨衣衾，無復喪葬祭祀之事，一切務滅人道，則其視君臣上下復何有哉。」[33]可見饒州、信州地區摩尼教遭受殘酷殺戮之後，依然在傳播。

乾道年間，陸游奏報說：摩尼教在淮南、兩浙、江東、江西、福建等廣大地區流傳，但名稱不同，「淮南謂之二檜子，兩浙謂之牟尼教，江東謂之四果，江西謂之金剛禪，福建謂之明教、揭諦齋」。其中以明教的傳播為厲害，「至有秀才、吏人、軍兵亦相傳習」。明教的神號稱「明使」，又有肉佛、骨佛、血佛等名號。信徒穿白衣，戴烏帽，「所在成社」，都有他們的組織。這些人唸誦的經書、崇拜的神像，皆是刻板印刷，廣為流

---

32 胡寅：《朝議大夫田公墓誌銘》，《崇正辯・斐然集》（點校本）卷二六。中華書局一九九三版，第573頁。

33 廖剛：《高峰文集》，卷二，《乞禁妖教劄子》。

傳。而且標示出「政和中道官程若清等為校勘，福州知州黃裳為監雕」，顯然都是假借。信徒們日常生活規矩很多，如奉行吃素，「永絕血食」；不崇敬祖先，「以祭祖考為引鬼，以溺為法水用以沐浴」。由於人多，流傳範圍廣，所以他們燒乳香則乳香為之貴，食菌蕈則菌蕈為之貴。明教的人團結性強，「更相結習，有同膠漆」。陸游提醒朝廷：明教徒「萬一竊發，可為寒心」，建議嚴加防範，認真懲治，「毋得以習不根經教之文，例行闊略」。發現有犯法的，「必正典刑」。凡信徒限一月內帶經像、衣帽赴官自首，不究其罪；限期之後，立重賞許人告捕。令州縣將其經文印版收集焚燬。以後「圖畫妖像，及傳寫、刊印明教等妖妄經文者」，參照一年徒刑論罪。[34]陸游對摩尼教的政治危害性估計十分嚴重，這也是該教的信徒眾多，傳播地域廣闊的反映。陸游的奏章沒有專門說江西的細節，再看王質的奏章，就補充了此缺陷。

王質，山東鄆州人，南宋時遷居江西路興國軍（今屬湖北），曾任吉州知州，他向孝宗上奏說：「臣往在江西，見其所謂食菜事魔者，彌鄉亙裡，誦經焚香，夜則哄然而來，旦則寂然而亡」。食菜事魔，這是民眾對摩尼教最通俗而直接的稱呼；夜聚曉散，是他們活動的外表形式；「彌鄉亙裡」四字，說出了其群眾性的規模。至於更實際的內容，王質說了五點：一、有宗師，負責發佈號令，傳授教義，「宗師之中，有小有大，而又有

甚小者」。二、人數分三等，與大小宗師相適應，大者或數千人，小者或千人，甚小者數百人。三、修練功課，有雙修、二會、白佛、金剛禪。四、唸誦的經書，有《佛吐心師》、《佛說涕淚》、《小大明王出世》、《開元經》、《括地變文》、《齊天論》、《五來曲》。五、總的宗旨是，「使人避害而趨利，背禍而向福」。農民群眾並不深究其所以然，而是樸實地以為參加摩尼教組織，「誠可以有利而無害，有福而無禍」。信徒真心擁戴宗師，行動劃一，「故其宗師之御其徒，如君之於臣，父之於子。而其徒之奉其宗師，凜然如天地神明之不可犯，皎然如春夏秋冬之不可違也。雖使之蹈白刃，赴湯火可也」。最後，王質建議朝廷，鎮壓摩尼教的有效辦法，「莫若擒宗師，則其徒不解而自散」[35]。王質這份奏疏提供的摩尼教內情，使我們對它為何能夠在民間廣泛而長期傳播的原因，有了更多的瞭解。

百姓認為摩尼教「誠可以有利而無害，有福而無禍」，故而甘冒官府鎮壓的危險，屢撲屢起，長期堅持傳播，到了南宋後期還有摩尼教活動。淳祐元年（1240 年）以後，吳雨岩寫道：「饒、信之間，小民無知，為一等妖人所惑，往往傳習事魔，男女混雜，夜聚曉散。懼官府之發覺，則更易其名，曰我系白蓮，非魔教也。既吃菜，既鼓眾，便非魔教亦不可，況既系魔教乎？若不掃除，則女不從父從夫而從妖，生男不拜父拜母而拜魔王，滅天理，絕人倫，究其極則不至於黃巾不止。何況紹興間饒、信

35　王質：《雪山集》，卷三，《論鎮盜疏》。

亦自有魔賊之變，直是官軍剿滅，使無噍類，方得一了。」[36]在這份榜文中，公布了對「魔賊」道主祝千五等六人脊杖刺配的判決，表明進行了一次小規模的禁戢行動。這裡還透露出一個信息，南宋後期饒、信州的摩尼教徒，已經改名為白蓮教，由此可知，元明時期江西的白蓮教，正是宋代摩尼教的延續。

紹定、端平年間，贛州龍南松梓山的農民軍首領之一的張魔王，也應是摩尼教徒。「魔王」之名，是其教中的稱號，並非官府的誹謗，更不是面相醜陋之人。史書記載的寇盜很多，沒有泛稱為「魔賊」、「魔王」。前述建炎四年「饒、信魔賊」，已確認是摩尼教徒發動的農民武裝，這個張魔王也是摩尼教信徒無疑。邵武人嚴羽《平寇上史君王潛齋》詩記事曰：「治（端？）平改元，有盜於建……執彼余魁，入而振旅。其魁伊何？緇服髡首」[37]。這些魁首——領導者，都是「緇服髡首」的僧侶裝束，正是宗教信徒的表徵。

對於民間的摩尼教等宗教性組織，南宋政府從未放鬆控制，直到時局非常危急的度宗咸淳九年（1273 年），仍然不忘重申禁令，不准「奸民妄立經會，私創庵舍，以避征徭。保伍容隱不覺察，坐之」[38]。民眾之所以創立「經會」之類的宗教性組織，皆由苦於官府苛重的征徭盤剝，被迫尋求各種方式，進行反抗或逃

36　《名公書判清明集》，卷一四，《痛治傳習事魔等人》。第 537 頁。
37　嚴羽：《滄浪集》，卷三。
38　《宋史》，卷四六，《度宗紀》。

避。借庵舍躲藏是消極逃避，逼得群起暴動則是無奈的積極抗爭。

二　仰山神等地方神靈

地方神的崇祀，一般說來得到官府認可和保護。所祭之神，大致上是山川神與人物神兩大類，傳播中具有群眾性，受崇信的地域比較大，有的超出江西範圍；有現實性，與社會生活關係密切，例如航運、科舉。由於涉及人群生活大事，故而追求神靈庇佑，因其「管事」的共性，所以突破州縣界限。宋朝官方的政策是：有天下者祭百神，自天地四方名山大川，凡德施於民，以死勤事，以勞定國，能御大災，捍大患者，無不載之祀典。若諸侯，則只得祭於其地。非其所祭而祭之，名曰「淫祀」，要禁止。然而在州縣鄉間，官府認可與不認可的神廟都有。所謂以神設教，藉助神鬼的威力，企圖實現人間力量達不到的願望，不論是什麼樣的神靈，本質上是一樣的。官府要求禁止的「淫祀」，事實上禁而不絕，形形色色的雜神，依然存在於民間，成為信奉者的精神寄託。

1. 山川地方神

江西民間的地方神崇祀，在洪州南昌、新建一帶以許真君崇拜為重，袁州宜春地區主要是敬奉仰山神，贛江——鄱陽湖航道有靈順昭應安濟王廟，或簡稱順濟龍王廟、龍王廟，洪州吳城山是總廟，分廟別祠者有多處，僅在贛州的有三所，傳說「負城之西北隅者，尤絕顯異」。其他河流碼頭，則有蕭公廟、龍王廟等，過往船家和旅客都會進廟祭奠。此外，比較偏遠的城鄉還有

各自的小神受到民眾的崇信。

　　崇祀仰山神，不僅在贛西有代表性，而且進入湖南民間。袁州民眾素來尊仰山神為地方保護神，到任的官員都要去祭奠。乾道年間，彭龜年權知袁州，照例前去拜祭，在祝文中強調仰山神與袁州民眾的關係，說拜神為的是安民。

　　對仰山神的信仰風俗，隨著人際交流進入湖南地區，真德秀嘉定年間出任湖南安撫使，在長沙發佈《仰山祝文》，其中說：「惟山之威靈，德澤肇於大江之西，而延及於重湖之南，有眾恃之，以為司命。屬者征行，厄於風雪，過袁之日，有謁於王。霽景遄開，遂以善達。惟時湘土，離宮在焉。賴神之庥，自此焉始。鞠躬拜謁，其敢不虔」。[39]潭州有仰山神「離宮」，民眾崇信「以為司命」，是其影響力較大的證明。

　　蕭瀧廟，或作蕭公廟，航運碼頭多有，其神的流傳古老，而來源說法不一，大致上都與水流湍急，神能保障安全連著。吉水縣蕭瀧廟的來歷，具有相當的代表性。紹興三十一年（1161年）七月，吉水進士彭公勉「率諸豪出財力」，把蕭瀧廟重修一新，比以前更加壯麗。彭公勉請王庭珪為文記其事，王庭珪於是寫了蕭瀧神的來歷。他說：

　　吉水縣之東南八十里，山高而遠險，有水自西北奔注，抵山石屈折而出，至是匯為奔湍，江中多亂石，其突怒偃蹇巉然而出

39　真德秀：《西山文集》，卷五三，《仰山祝文》。

者，率爭為奇狀，水石相擊，薄其聲如雷霆，如兵車陣馬之行，悍怒鬥激，觀者怖慄，舟上下與石不避，則有破碎淪溺之患。或謂神之威靈以驚駭斯民，古有廟謂之蕭瀧，不知其始。……獨江湘以南，凡湍流觸石而奔放泃湧者，率謂之瀧。唐韓退之貶潮陽，先至樂昌，作瀧吏詩，有『險惡不可狀，船石相舂撞』之語，是知所謂瀧者，皆奔湍激石而多險者也。問故老皆云：古宿相傳，瀧之神甚靈，而姓蕭鄉人，嚴奉久矣。此說幾是歟。古者能御大災，能捍大患則祀之，豈蕭氏常有大功於民，而能御災捍患耶。抑瀧之神能變化，能興風雷，降雨澤，使年谷屢豐，而遂廟食此土耶。[40]

這篇記述有幾個要點，一是吉水蕭瀧廟很古老，紹興以前鄉人已經「嚴奉久矣」，是當地世守的習俗。二是崇拜的緣起，因河流湍急，航行驚險，人們處於對自然力的無奈，而生敬畏之心，於是將「瀧」——急流神化。姓蕭的鄉人率先禮拜，祈求照顧，後繼者遂將蕭瀧合祭，故名曰「蕭瀧廟」。三是崇祀目的為「御大災，捍大患」，盼年谷豐登。所以，王庭珪推論說，彭公勉等富豪出錢修廟，「皆世賴神之庥，凡有求必禱於神，常有其向答之者也，宜其祠奉益隆」。王庭珪是安福人，然而「素知蕭瀧之靈」，可見流傳很廣。也許在擴散開來以後，有的碼頭水流不急，於是去了「瀧」字，遂稱「蕭公廟」。

40　王庭珪：《盧溪文集》，卷三五，《蕭瀧廟記》。

信州貴溪縣自鳴山孚惠廟神崇拜，涉及地域超出上饒，遠及臨近的浙江州縣，傳說「自鳴山之神，以孝聞天下，由昔迄今余八百載」。理宗紹定、淳祐年間發生的人禍天災，人們都和孚惠廟神聯繫在一起。例如，紹定二年（1229年）秋，江西發生寇盜，伺間迫近貴溪縣境，據說盜寇「遙望戈甲鏦錚，旌旗照天，怖而走」，民間於是「歡言神助」。紹定四年（1231年）春，衢州常山盜起，信州永豐（今廣豐）、玉山驚動，鄉民奔逃不可禁，然而寇盜屢次想攻打兩縣，「卒憚莫前，若有尼之者，民間又傳神助」。神人如此呼應，可信嗎？事實是，當常山盜逼進信州之時，江東提刑袁甫已經下令縣尉帶領寨卒，「糾集鄉豪，募兵晝夜警衛」，而且奏請朝廷調勁旅，扼衝要，張大軍勢，故此烏合之眾嚇得不敢進犯。瞭解這些內情的袁甫又說，宋朝褒封孚惠廟神為「威德英濟忠惠聖烈王」，地方官府修繕神廟，都是「為民祈禳」，而神能「銷寇暴，安善良」，解除水旱蝗霜癘疫之災，是神「孝於親，推孝於民，民亦致孝享於神」。可信不可信？「信乎民而已矣。[41]為此，袁甫對此神王多次祈請庇佑，寫了多篇表示虔誠禮敬的文告。很明顯，借神的影響力宣傳忠孝之道，是官府之目的，至於神靈是否可信，那隻是順從民願的表示。

　　在婺源縣，民眾信奉的是五顯神，「闔境之人旦夕必祝之，歲時必俎豆之惟謹」。為什麼這樣敬畏五顯神？婺源士紳認為，

41　袁甫：《蒙齋集》，卷一四，《信州自鳴山孚惠廟記》。

全縣地方百餘里，民近數萬戶，「水旱有禱焉，而無凶飢；疾癘有禱焉，而無夭折，其庇多矣。餘威遺德，溢於四境之外，達於淮甸閩浙，無不信向，靈應孰大於是。若夫時出變異，以聳動愚民之耳目，此特其小小者耳。」[42]說淮甸閩浙之人對婺源五顯廟也崇信，可能有誇大，然其影響超出一縣的界限，該是可能的。

2. 人物地方神

有大功於當地的歷史人物，人們也會將其神化，藉以寄託懷念之情，激發忠貞節義之心。南昌一帶崇祀許真君，每年八月初一至十五，去西山玉隆宮朝拜，「四遠畢集」。東晉的陶侃，在南康軍都昌縣民眾心中早已是神，建英佑廟祭祀，認為他不僅能滿足「水旱疾疫之禱」，還能以「陰兵逆防」峒寇，故而「廟食都昌，綿歷千載」，至南宋不絕。[43]

江州彭澤縣，唐武后天授年間（西元 690-692 年）鸞台平章事狄仁傑遭來俊臣所誣陷，貶為彭澤令，彭澤百姓懷念狄仁傑，不僅建生祠，而且數百年崇祀不絕，紹興七年（1137 年）十一月將其廟命名為「顯正廟」。度宗咸淳末年，知縣趙漢卿對顯正廟再一次進行修繕。高斯得解釋紀念狄仁傑，把其神化，就是要顯示正義：「自古以來，君子每為小人所乘，正論每為邪說所敗，志士仁人覽觀前志，未嘗不掩卷三歎，繼以流涕痛哭也」。

42　王炎：《雙溪類稿》，卷二五，《五顯靈應集序》。

43　吳泳：《鶴林集》，卷一一，《南康軍都昌縣英佑廟神封威烈惠利侯制》。

雖然如此，但是「秉彝好德，著在人心」，世道永遠是崇尚正義，君子銘記在人們心中，猶如「浮雲掩於一時，日月揭乎千古。則彼惡直丑正者，祇足以增光益潤而已」[44]。

洪州武寧縣因岳飛在此擊退流寇李成，免致屠戮之災，鄉民將他祭祀在城隍廟中。寶慶二年（1226年），武寧知縣章子仁寫道：在城隍廟看到有忠武岳王遺像，頗生詫異，請教故老得知：紹興初年，叛將李成曾盤踞武寧，岳王忽提師前來，賊眾「謂神兵自天而下，倉皇宵遁。由是不鳴一桴，不施一鏃，而解一邑倒垂於指顧之間。僉言城隍吾土之司命，而王吾人之司命也，朝夕起敬於斯，歲時與享於斯，非但祖之而已，直所以神之也，且其靈與神等矣」[45]。岳家軍在武寧擊潰李成是實，而傳說為神兵天降，看作民之司命，致使武寧「在萬山中，壤地頗狹，而生齒極繁」，顯然是民眾報恩意識的昇華。

科舉是士人的奮鬥目標，凡神廟幾乎都是他們朝拜祈求之地。在吉州龍泉縣（今遂川）縣治左側有梓潼祠，又名太霄老子宮，始建時間不詳，「自元皇廟食於是，始有司桂籍之說」。人們認為，能否考中進士，難以理喻的因素太多，遂在官司之外，生發出神力，「執其予奪於形聲之表者，蓋元皇是也」。文天祥對此追求進行評議說：「士之所自為，行為上，文次之。神所校，一是法，合此者陟，違此者黜。人謂選舉法之權屬之有司，

44　高斯得：《恥堂存稿》卷四，《彭澤縣狄梁公廟記》。
45　岳珂：《金佗粹編》，卷二七，《南昌武寧縣城隍祠岳忠武王遺像記》。

不知神之定之也久矣。」「取士本末，實昉於人心義理之正。」**46**
文天祥引導士人把履行仁義置於首要地位，看重自身的行為實
踐。

地方神廟香火旺，有群眾性，遂有人借神謀財，如撫州金溪
縣，「有神廟甚靈顯，所請者施金帛，無虛日，積錢至二千緡。
宗室（趙）善文過廟，心資其利，焚香禱曰：『損有餘，補不
足，人神一也，善文至貧，願神以二十萬見假。不然，將白於
官，悉籍所有而焚廟』。神雖怒，若我何。既禱，即呼廟祝取
錢。祝無辭以卻，但曰：『神許則可』。善文取杯珓擲之，連得
吉卜。再拜謝，運鍰以出。如是十年」。這所神廟沒有正式名
稱，然而有信眾，對神有所求者施金帛無虛日。但有人看出內中
豐厚的經濟利益，廟祝是最先精於此道的，其次則是趙善文，他
以求神的方式達到了索錢的目的。這裡是兩種人最積極：有求於
神而施捨者，藉助於神而攫取錢財者，共同營造了神廟的存在基
礎。

第五節 ▶ 尚訟、好巫與風水習俗

一　尚訟

民間風俗，依然存在尚訟、好巫的風氣，北宋時期所述的事

46　《文天祥全集》，卷九，《龍泉縣太霄觀梓潼祠記》。

象繼續延續下來。紹興七年（1137年）九月朝廷的文告稱：「訪聞虔、吉等州，專有家學教習詞訴，積久成風」；十三年（1143年）閏四月，度支員外郎林大聲言：「江西州縣有號為教書夫子者，聚集兒童，授以非聖之書，有如《四言雜字》，名類非一，方言俚鄙，皆詞訴語，慾望……嚴行禁止」[47]。這位官僚對教書夫子的教學內容，顯然誇大其詞，有神經過敏之嫌。讓兒童曉得一點詞訴知識，比只知打架鬥毆更好。社會上的評議依然是「大江之西，人以終訟為能」[48]。「宜春之古郡，甲江右之列城，珥筆之風，猶未銷於舊俗；懷鉛之士，終莫抗於他都。」[49]袁州還是「好訟」成風，讀書文教卻比別地落後。而其經濟狀況不佳，「民甚貧而賦必預出，財愈竭而用不可支」。在虔州，興論認為「俗健於鬥訟，輕為賊盜」[50]，斗訟與盜賊都很厲害。

寧宗嘉定年間先後在臨川、新淦任知縣的黃幹，對江西轉運司報告說：「大抵江西健訟成風，砍一墳木則以發冢訴，男女爭競，則以強姦訴，指道旁病死之人為被殺，指夜半穿窬之人為強盜，如此之類，不一而足」。[51]此種評議，顯然都是突出民事訴訟中欺詐掠奪者一面而論，沒有對訟爭的整體結局進行分析。州縣官的態度幾乎都是不贊成民眾進行訴訟，而其反映的事象，則

47 《宋會要輯稿》刑法二之一五〇。
48 樓鑰：《攻媿集》，卷三八，《湖北提刑張垓江西提刑，知池州王謙湖北提刑》。
49 彭龜年：《止堂集》，卷一三，《迎袁州李守啟》。
50 汪應辰：《文定集》，卷二二，《戶部郎中總領彭公墓誌銘》。
51 黃幹：《勉齋集》，卷六，《復江西漕楊通老（揖）》。

是生動真切的社會資料，值得注意。

　　對吉州的評議和北宋時期相同，「廬陵之俗，喜爭而囂訟；賦稅所入，乃甲於江西」。[52]分寧，仍然是「江西劇邑，俗尚嘩訐」，知縣趙良淳在那裡不用刑戮，不任吏胥，注重思想教育，尊重民眾，只對「甚桀驁者乃繩以法，俗為少革」[53]。對訴訟風氣的形成，深入實際的官員們認為是有人教唆小民，農夫受人操縱的結果。這些教唆者以識字健訟為家傳之學，活動在原告與被告之間，在主持公道之時夾帶圖謀錢財。袁州民俗承前而來，「珥筆之風，猶未銷於舊俗」，知州方秋崖上任時發現，一個小孩告狀，才十二歲，不到法定為狀首的年齡；他不識字，狀紙由易百四郎代寫，可見有人在背後指使。方秋崖發布告示說：「教訟之輩，不事生產，專為囂囂，遂使『腦後插筆』之謠，例受其謗」[54]。南宋後期，人們對撫州的議論，或說「撫州禮義之鄉，何有於訟，近亦聞負珥筆之謗」[55]；或說：臨川「流俗之弊，亦以其剛而喜於爭，以其文而工於訟，風俗不馴，莫此為甚」[56]，側重點雖有所不同，爭訟成風則是共同的看法。

52　胡寅：《斐然集》（點校本）卷一四，《李彌遜直寶文閣、知吉州》。中華書局，一九九三年版。

53　《宋史》卷四五一，《趙良淳傳》。趙良淳，饒州餘干人，丞相趙汝愚的曾孫。

54　《名公書判清明集》，卷一二，《懲教訟》，第 479 頁。所謂嘩徒教訟的現象，在福建、浙江等地也風行。

55　黃震：《黃氏日抄・詞訴約束》。

56　《勉齋集》，卷三四，《臨川勸諭文》。

訴訟紛紜的重要原因，是豪霸欺壓平民，而奸吏、貪官與豪霸相互糾結，致使訟案堆積，冤獄不清。「饒、信兩州，頑訟最繁，奸豪最甚」，「饒州等州，官弱民強。所謂強者，非謂一切齊民，蓋謂一等豪民也」[57]。從具體的案例中可見，「奸豪」得逞，皆因有官吏與之呼應，「害民莫如吏，官之貪者不敢問吏，且相與為市，官之庸者不能制吏，皆受成其手」。貪官與惡吏相與為市的情況，信州上饒縣為特甚，那裡「惟吏言是用，其擾民之事不止一端，至於獄事氾濫追擾為尤甚。官庸則吏貪得行，則庸亦所以為貪也」[58]。貪官、奸吏、豪霸三者糾結害民，故而民怨深入骨髓，出現「訟之者茫茫道路」的悲壯畫面。

獄訟與官吏治狀同時起伏。撫州金溪、信州貴溪、饒州安仁（今餘江）三縣，緊密為鄰，治狀相近，「十餘年間不聞有賢令尹，吏胥猖獗，奸民以囂訟射利者，與吏相表裡，公為交斗，肆行無忌，柔良不得安跡」[59]。後來金溪來了一個陳知縣，懲治吏胥、奸民，「使此輩縮首屏跡，柔良陰受其惠」，出現三縣十餘年間所未見的新氣象。

咸淳七年（1271 年），撫州知州黃震發表《詞訴約束》文告，對訴訟有繁多的規定。文告不僅說出了官府的訴訟政策，還有很多社會民情實際。它的「總說」稱：「訟乃破家滅身之本，

57　《名公書判清明集》，卷一二，《為惡貫盈》。中華書局，一九八七年版點校本，第 456、458 頁。

58　《名公書判清明集》，卷二，《汰去貪庸之官》。

59　《象山全集》，卷一一，《與李宰》。

骨肉變為冤讎，鄰里化為仇敵，貽禍無窮。雖勝亦負，不祥莫大焉。但世俗惑於一時血氣之忿，苦不自覺耳。」這是在總體上否定訴訟行為，全然不論「冤仇」的內容，片面強求受害者忍受。

其次，提出了許多規定，如十不受：「不經書鋪不受狀；無保識不受狀；過二百字不受一狀；訴兩事不受；事不干己不受；告訐不受；經縣未及月不受；年月姓名不的實不受；披紙枷、布枷、自毀咆哮、故為張皇不受；非單獨、無子孫、孤孀、輒以婦女出名不受」。這十條反映的應該是訴訟中重要的常見現象，受限制的是下層民眾。「書鋪」享有的寫訴狀壟斷特權，對訴訟勝敗有先決作用，特別值得注意。

再次是聽訟審理的次序：「先點喚士人聽狀，吏人不得單呼士人姓名」；士人狀了，方點喚農人；農人狀了，方點喚工匠；工匠狀了，方點喚商賈。再後方及雜人，即伎術師巫，游手末作（指非造有用之器者），牙儈，舡稍，妓樂，岐路干人，僮僕等。這個士農工商次序，體現法律性的差別與歧視。「雜人」的種類多至七八種，是社會生活日趨豐富、謀生行業多樣的結果。牙儈不是窮人，造無用之器者的服務對像是官貴，但是他們的身分也屬末等。

最後是日期安排：自六月為始，每月初三日受撫州城內的，初八日受臨川縣的……崇仁、金溪、宜黃、樂安，依次排開，每隔四天一換。[60]

60　黃震：《黃氏日抄》，卷七八，《詞訴約束》。

這份文告，讓我們瞭解到打官司不容易，不僅是訴冤、論理而已，還要求懂得許多關於法律、刑獄、訴訟的專門知識，需要掌握衙門中的行情，否則有理也將敗訴。農夫農婦們缺乏這些政治文化知識，所以會有無窮的冤假錯案，因而伴生出沒完沒了的訴訟與「囂訟」。凡是到江西來的官員，給朝廷報告中，照例說了江西區位優勢之後，就要說：「裡閭囂訟，素傳珥筆之譏」[61]。主要的被侵害者，是缺少文化的貧苦民眾，故而需要「書鋪」代寫「訴狀」，「書鋪」具有的律師事務所功能，正是社會存在的客觀需求。事實證明，這份公文不僅是撫州的，也反映了江西各地，乃至南宋的社會實情，具有很大的普遍性。訴訟之風很旺，有利於社會矛盾在法制規則內解決，比較猖獗的械鬥是大進步。

二　好巫

巫術流行民間，巫師仍然活動於四鄉，他們或為妖術以害人，訛詐人家錢米，或唸咒語、蹈湯火而詆人[62]。與此同時，一些地方的淫祠仍然很多，如饒州安仁縣（今餘江縣），在知縣蔣靜叔任內，一次毀撤的即達三百區。

孝宗淳熙末年，安福縣在春夏之交，爆發疾疫，有的一家死

61　袁說友：《東塘集》，卷一五，《謝除知洪州到任表》。
62　洪邁：《夷堅志》，丁志卷四，《張妖巫》：「婺源懷金鄉巫者張生，善為妖術，能與人致禍，每於富室需索錢米，少不如意，則距躍勃跳，名曰打觔斗」；《治湯火咒》：「俚巫多能持咒語，其咒但云：龍樹王如來授吾行持北方壬癸禁火法……」。

亡數人。究其原因，皆由不服藥所致，官府派出醫生診病並給藥治，皆以神禁止服藥而辭了。縣官彭龜年發佈文告指出：「此皆由巫覡之徒，欲假是以神其利己之術；而俗醫用藥多不得其當，往往不能起疾，則舉而歸之神，以逃其殺人之名」[63]。巫覡借神謀利，庸醫以神掩飾無能，二者都蠱惑群眾，致使信巫之風難以掃除。

每當疾疫流行，巫覡的活動就猖獗，而污穢的環境是發生疾疫的重要原因。歐陽守道議論地方政務時，將疾疫、巫鬼、環境三者聯繫一起陳述，他說：「此邦巫鬼之俗，才遇有病，凡盥漱衣冠、洗滌穢惡皆切禁之，晝不許啟門，夜不許燃燈，務使為幽囚以聽命」。是否醫藥，在神前擲杯珓而定，卜而不許者，不得用，而使病人服「仙水」，以故病者日深日重，死者相繼，「而所謂禱謝之費，至不可勝計，幸而不死，亦索然為窮人矣」。自嘉定後期開始，十四、五年以來，吉州地方流行一種「神枷」、「神杖」，一廟之間，負枷而至者數千，重者裝為大辟（死罪），籠首帶鈴，由子弟或親戚擁曳而至，聽神發落，或釋放，或受神杖責，「巫者執權過於官府」。巫鬼因疫病而作祟，為減少疫病必須清潔環境。歐陽守道指出，在人口稠密之處，溝渠不通，是致病之一源。端平乙未、丙申（1235 年、1236 年）間，知州林某「最留意於此，疏通濬導之後，民無疫者數年」，其後兩任知

63　彭龜年：《止堂集》，卷一五，《安福縣祭疫癘神文》。中華書局，一九八五年版。

州疏濬溝渠「不如林侯之遍」，患病的人就多起來了。「溝渠不通，處處穢惡，家家濕潤。人之血氣觸此則壅，氣不行病於是乎生。今通達廣路猶無潔淨之所，而偏街曲巷，使人掩鼻疾趨，如此則安得不病」[64]。

贛州地方的巫師也不少。雩都知縣陳公弼在任期間，「毀淫祠數百區，勒巫覡為良民七十餘家」[65]。地方官個人對巫覡進行打擊，可以見效於一時，流行巫覡的社會條件沒有消除，他們離任之後，巫覡活動又將復起。故此信巫之陋習，總是不能斷絕。

三　風水術的盛行

風水術，就是堪輿術。黃巢農民起義以後，唐朝司天監的僕都監、執掌靈台地理事的楊筠松二人來到江西虔州，定居虔化（今寧都），他們都善於「相地」，並將其術傳授給了虔化的廖三傳、曾文辿、劉廣東諸人，從此發展成江西派堪輿術。江西堪輿家從江南丘陵、山區的地理條件出發，特別強調地形地貌、水文風候等自然因素對房屋、墓穴的作用和影響，民間通俗地稱他們為風水先生，也叫看地先生。紹熙五年（1194 年），朱熹在朝廷上直言宋朝皇帝陵墓沒有保佑統治的吉兆，而預定的孝宗墓穴有遭水浸的缺陷，並說「臣竊見近年地理之學，出於江西、福建者

64　歐陽守道：《巽齋文集》，卷四，《與王吉州論郡政書‧疫癘》。
65　范縝：《東齋記事》，卷三。

為尤盛」，[66]建議徵調這裡的風水師重新選擇地點。

江西風水術盛行，從文化的角度衡量是書院教育發達的一種反映。讀書習文的人多了，從科舉獨木橋上擠下來的人也多，這些有一定儒學知識者為著謀生，必然會有人習堪輿術，以風水師為業。袁采說：「士大夫之子弟，苟無世祿可守，無常產可依，而欲為仰事俯育之資，莫如為儒……如不能為儒，則醫卜星相、農圃、商賈、伎術，凡可以養生，而不至於辱先者，皆可為也。」[67]所謂「醫卜星相技術」，即包括風水術在內。為人卜地造墓穴，與士大夫交往甚多，名氣較大的風水師，如：

廖中，字伯禮，臨江軍清江縣人，在縣裡得到多次舉薦，參加科舉考試，但是「連舉未第」，故稱鄉貢進士，此後他打消科舉出仕的念頭，刻意於算命相地。他薈萃數十家之說，章分件析，考驗得失，較量深淺，著成《精記》三卷。[68]

歐陽賓鄉，盧陵縣宣溪鄉人，與歐陽守道為同宗，從事卜地葬親的風水事業，曾經到歐陽守道的祖墳上巡視，建議春秋二季攜酒掃墓，就可能改變「君家子孫貧賤」的現狀。[69]

覃雲甫，寧都人，是眾多平庸風水師中的傑出者。寧都知縣李後林「學無所不通」，懂得地理術，對覃雲甫很器重。淳祐九年（1249 年），將覃雲甫推薦給歐陽守道，為其家選擇墓地。守

66　朱熹：《晦庵集》，卷一五，《山陵議狀》。
67　袁采：《袁氏世范》，卷中。
68　周必大：《文忠集》，卷四七，《跋廖中精記》。
69　歐陽守道：《巽齋文集》，卷八，《送歐陽山人序》。

道「聽其議論，觀其指畫，有契於人心」，且感激他能盡心為人著想，於是相信其人其術，並著文向其他喪家推薦覃雲甫「為可信」[70]。

宋義甫，吉水人，是熟悉儒學經典，以卜地為業的堪輿師。在諸多卜地書中他熟習「明理之儒者」所著的一本，能和士大夫暢快交流心得。和他同去山上卜地，「其指點去取有過人者」，又其人胸襟坦率，有話直說，不肯包藏，隨其所見，即以告人，比較其他不讀儒經，只「從事於鄙俚繆妄之書」的風水師，賢明多矣。[71]

廖鵬，號老庵，寧都人，精於葬書之學，為方便喪家選擇墓穴，他將江南諸名家祖先墓的地形繪圖展示，再請名家題字其上，以助宣傳。此圖有墓數百穴，散在數千里，久遠者已三、五百年。廖鵬繪圖的用意，是讓喪家選地時有所參照，「或可或否，使後人無惑」，用心可謂「近於仁」，[72]最終目的是要招攬到更多的主雇。

黃景文，字煥甫，贛州人，從其祖父開始即以風水術出名，盧陵「大家」祖墳多出其祖之手，而景文能繼承其家學。他嘗與文天祥巡視丘陵阡隴，凡天祥動心駭目，以為奇詭雄特的地點，他輒掉頭不以為然，天祥覺得淡然平夷之處，他卻往往讚不絕

70　歐陽守道：《巽齋文集》，卷八，《送卜葬者覃生歸寧都序》。
71　歐陽守道：《巽齋文集》，卷一一，《贈宋義甫序》。
72　歐陽守道：《巽齋文集》，卷一八，《題廖老庵地理書》。

口。黃景文的卜地術，大概以為：「崇岡復嶺則傷於急，平原曠野則病於散，觀其變化，審其融結，意則取其靜，勢則取其和」，吉地在是矣。[73]

孫明遠，南城人，妙於地理，在建昌軍一帶有很高的名望。有人誇獎他替人選擇墓地，「言吉凶禍福若相人然，期以歲月若神」，是當代的郭璞。[74]

……

堪輿術古已有之。漢朝的方士青烏子，擅長墓葬之法，著《相冢書》，為後世堪輿家奉為祖師，故相地之法又稱青烏術。堪輿相地，原本是服務於皇家貴族，後來伴隨著文化下移，逐漸向民間擴展，慢慢形成社會性的追求。南宋時期堪輿術已經廣泛傳開，上自朝廷，下至民眾，建房屋、造墳墓之時，都要講究風水，希圖獲得安寧，消除災病，乃至幸福報應。尤其是墓葬之時，追求風水寶地的風氣厲害。因而有人形容說：「儒之家，家以地理書自負；塗之人，人人以地理術自售；郭（璞）、楊（筠松）、曾（文迪）殆滔滔而是噫」。[75]生活現實中的利益與禍害，往往和人的良善與罪惡不相適應，命運難以自力把握，使人們轉向於風水寶地，尤其是追求好的墓穴，福蔭子孫。

江西各地有不少以看風水為職業的人，他們的服務對象已突

73　文天祥：《文山集》一三，《贈山人黃煥甫序》。
74　王之道：《相山集》，卷二三，《贈孫明遠序》。
75　吳澄：《吳文正集》，卷一六，《地理真詮序》。

破官紳士大夫界限，著眼於人數更多的鄉村富室、普通農戶、商販人家。與此相適應，「地理」之書出現於書肆，精深的和粗淺的並列，各有買主。歐陽守道認真讀過的不下二十餘家，他「一見而棄之者不計其數」。書肆中有《地理全書》出售，卻沒有編入精品。為什麼粗淺的書能流傳？因為風水師中的庸者，有的甚至不識字，他的一點風水術，是孩提時代從父師處聽來。故而寧要粗俗讀物，「鄙俚謬妄之書，其徒易於傳習，又便於田家、市人之聽，其取信常眾，得利常速」[76]。

從以下三篇評議中可以窺見世人對墓葬風水的基本傾向。

第一，對「吉地」帶來富貴的批判：

贛州進士廖鵬，把江南名家數百座祖墳編繪成圖冊，請歐陽守道題字於卷首，借其名望而抬高自己的聲譽。歐陽守道這篇題詞文筆犀利，讓讀者從深層次思考墓穴與富貴之間的矛盾。他寫道：據說吉地能使「子孫得以安祖考之體魄，祖考得以流子孫之福澤」，「故自此術之行，人皆好之，好之而不得，其所以（有）吉凶之說」。然而名墓地「才數百穴耳，而散在數千里，久遠者已三五百年。三五百年數千里之間，人之生不知幾萬億，而死得吉地以藏，為老庵所取者如此其少。人無窮而地有限，已藏者尚難之，後人復安所措手哉。吉地之難得，甚於土石中之得金玉」。

他質問：

　　吉地能使子孫富貴，而富貴不必皆賢。或子孫有賢者，生而不免貧賤，是二者孰愈？今人之先墓，其見稱於名術之家者，多富貴者也；貧賤而賢者，是亦必上世有吉地生之，然以其貧賤也，里人無稱其先墓者矣。一抔之土，不封不樹，或且湮沒，名術過之，亦莫得而駐足熟視矣。然則其得入是圖者鮮矣，且安知貧賤而賢者之先墓，不優於彼之徒富貴者乎。

　　貧賤，人所不欲也。今為人擇地，曰吾能使爾子孫世生賢如顏淵、原憲，如自古厄窮流落之君子，清名垂於百世者，彼且艴然不懌矣。雖有顏氏、原氏諸賢之先，之墓，之地，近在咫尺，夫固不願葬也。噫！可惜也。今之人與貴窮人爵，富敵縣官，則願之。雖然與老庵指示近世富貴掀揭天地者，以告人曰：此某山某水之為富貴，吾固知之，聞者欣然羨之；徐告之曰：某人者富貴如此，獨晚節末路有如彼禍敗，吾亦知之，聞者亦色變而神不寧矣，此地又不願葬矣。二者宜何擇也？[77]

　　歐陽守道能夠如此辯證地看待墓葬與風水，將貧賤富貴從「吉地」中剝離出來，幫助世人把握墓葬與風水之關係，確有普遍性的參考價值。

　　第二，在地理、天理之間徘徊猶豫：

　　盧陵劉詵在給地理先生洪林（字可翁）的贈言中，稱讚他相地準確，而現實卻有善惡報應相反的事例，於是有了疑問，是相

77　歐陽守道：《巽齋文集》，卷十八，《題廖老庵地理書》。

信天理對呢，抑或是該相信地理。他說：

> 余因念地理術亦奇矣，廝養童僕擇葬，偶得所即，溫飽可致，馴至居高門，出累騎者有之。憸凶尚覇，屈意奉葬師，設機穽謀佳穴，甚者發他人冢，出累世枯骨，而藏其親，然莫不取富貴顯榮，子孫昌奕。窮巷白屋之士，皓首談詩書，動輒蹈規矩，恆世世苦飢乏，弱不自振。夫福善禍淫，仁者必有後天之道也。然天理常不驗，而地理常顯然者，是地理可信，而天理不可恃也。
>
> 嗚呼！自地理之說勝，而天理隱邪？抑天理不可恃，而人始求之地理邪？自聖賢言之，天理必可恃。然苟非信道篤，而輕外物，誰能捨地而俟天哉。[78]

劉詵在讚揚林可翁相地靈驗之時，產生對「天理不可恃」的深切擔憂。其實，「地理」是從「天理」轉化過來的，二者本是一回事。福善禍惡，是弱者的祈望，並不存在客觀必然聯繫。「王侯將相寧有種乎」，這才是歷史一再證明的真實。富貴不過三代，是宋代社會早已熟習的當代故事。富貴帶來驕奢淫逸，循至衰敗；貧賤伴生刻苦自勵，堅強奮起。王侯將相與廝養童僕，不僅在社會大變革中相互替代，而且平日漸變階段也將浮沉不拘。將世人命運的改變，歸結於「擇葬」，這對風水師的生意十分有利，既能滿足人們求福的慾望，又給相地帶來更多的僱主，

78　劉詵：《桂隱文集》，卷二，《贈林可翁談地理》。

而且不必為不兌現承擔任何責任。

在追求富貴的驅使下，經常產生不擇手段，侵害別人的事例，例如「設機窬謀佳穴，甚者發他人塚，出累世枯骨，而藏其親」之類的欺霸行為，同時也有風水師的虛偽鼓吹，或以「偶得所即」的一例，當作「地理可信」的證明。這些都會招致有識之士的揭露與批評。

第三，對風水信而不迷，實事求是對待墓葬：

泰和康氏對風水不迷信，倒是看重祭掃，將幾代人的墳塋遷葬一處以便掃墓。康氏的做法，得到好友趙文的讚揚。趙文評議曰：

> 地以無風、無水為吉，而世之言地者曰風水，舛益甚矣。聖經雖曰卜宅兆而安厝之，說不過相其土地之高燥，草木之茂盛，且辟五患而已。自俗師之說興，拘忌多，妄想廣，始有親死久而不得葬者。夫以葬親為富貴之資，悖義已甚。其逆天理，壞心術，尤莫甚於「公位」之說，幸而得地盡合其說，又或在數百里外，已則欲富貴，而以親之遺骸遠竄廣莫之野，傳之數世，祭享不及，遂忘其處，哀哉。先儒著論辟世俗之說，理非不明，然自學士大夫已不能信而行之，此吾於康氏螺湖阡之合葬，深服吾友節翁，慨然念遠葬且久，將有廢祀之憂，乃行營得地於太和州東北十里曰螺湖，合六喪以昭穆葬之。**[79]**

79　趙文：《青山集》，卷六，《康氏螺湖阡合葬墓誌》。

趙文客觀地肯定「地以無風、無水為吉」的見解，又指出「自俗師之說興，拘忌多，妄想廣，始有親死久而不得葬者」的弊害。問題的根源，全在人的心術壞，妄想廣，「以葬親為富貴之資」，所謂「學士大夫」同樣是利己慾望膨脹，其言論、其行事，起到惡劣的導向作用。試想，如果「某地當富貴」之說靈驗，風水師自己家不是早已世世代代既富且貴了？難道「窮巷白屋之士」就是沒有請風水先生選得好墓穴的結果？應該說，貧富貴賤是社會制度所造成，人們無力解決這個根源，於是就生出「以葬親為富貴之資」的蹊徑，藉以滿足慾望。

　　上述例證都是吉州的，這很有代表性。吉州書院教育、科舉文化興盛，士大夫眾多，儒學傳統文化中的形形色色無不流傳於世，風水這門方士之術自然有廣闊市場。眾多生童、舉子，成了進士的是少數，得到官品的更少些，名列公卿顯宦的就少之又少。將能否到達命運金字塔的高層，歸咎於墓穴選址，自然是難有其解的最好解釋。吉州人追求吉地墓葬之風強勁，勢所必然。

四　買地券的安置

　　「買地券」，是墓穴中的碑文，內容為向陰司買地，不准鬼怪侵害。在墓穴中安置買地券，是宋代人的墓葬風俗，而江西地區表現比較突出。所謂「買地」立券，給亡魂執以為憑，則是宋人現實生活的倣傚。經濟生活中廣泛使用契約，是宋代社會的特色。人戶交易田土，買賣房屋山林，財產過割繼承，以及由此而來的爭訟，無日無之，而官府裁判這些訴訟，全都只憑契約。江西各處，久已存在「文契多欺歲月深，便將疆界漸相侵」，「江

西民善為贋卷爭人田」，生活中的這些真實，完全會轉化為喪葬中對神鬼世界的規約。反之，瞭解安置買地券的葬俗，有助於更深入認識社會生活實際。

宋人承繼前代的風尚[80]，重視墓葬，將它看作遵守禮儀的大事，既追求厚葬，又講究道佛儀式，還編織出陰間世界的制度框架。從這套喪葬制度中，展示出儒學的倫理道德觀念，社會性的風水意識，以及佛道關於升天、地獄、報應等說教。作為這些精神追求的物質體現之一，便是墓穴安置「買地券」。

買地券又稱「墓券」、「冥契」、「幽契」等。收錄江西宋代買地券，以陳柏泉編著《江西出土墓誌選編》為最多，共有二十八件。[81]其後，瑞昌縣在七座宋墓中發現六件。[82]張傳璽主編《中國歷代契約會編考釋》收錄六件（內 3 件已見陳書）。[83]僅就這三十七件出土的地券分析，時間上南宋的占大多數，其中北宋十三件，南宋二十四件。地點上分佈廣泛，分別是江州湖口縣、瑞

80　據陶谷《清異錄》卷下載，唐五代時期墓葬中已經流行「朱書鐵券」：「土笁席：葬家聽術士說，例用朱書鐵券，若人家契帖，標四界及主名，意謂亡者居室之執守。不知爭地者誰耶？庵墓前鑿石若磚，表之面方長高不登三尺，號曰券台。貧無力則每祭祀以藉尊俎，謂之土笁席。」

81　陳柏泉：《江西出土墓誌選編》，江西教育出版社一九九一年版，第551-577 頁。

82　劉禮純：《江西瑞昌縣發現七座宋代紀年墓》，《考古》一九九二年第四期。

83　張傳璽：主編《中國歷代契約會編考釋》，北京大學出版社一九九五年版，第 607-615，619-620。

昌縣、彭澤縣；筠州上高縣；洪州南昌縣、進賢縣、豐城縣；饒
州德興縣、餘干縣、浮梁縣；建昌軍南城縣；撫州臨川縣、金溪
縣、宜黃縣；臨江軍清江縣、新喻縣、新淦縣；袁州分宜縣；吉
州廬陵縣。內容上則是字數增多，文義趨繁，含義更豐，而祈求
神靈保佑一點普遍都有，書寫格式多般雷同。

　　買地券作為供死亡者靈魂使用的「冥器」，大多放在墓室，
也有放在甬道靠近墓門之處。所謂買地券，是向冥府買地的契
約，以及與山神訂立的盟券，藉以保護墓穴——陰宅的私有產
權。北宋初年，山西人陶谷說：「葬家聽術士說，例用朱書鐵
券，若人家契帖，標四界及主名，意謂亡者居室之執守」[84]。到
了南宋後期，周密說：「今人造墓必用買地券，以梓木為之，朱
書云：用錢九萬九千九百九十九文買到某地云云。此村巫風俗如
此，殊為可笑（原註：見《續夷堅志》）」[85]。陶週二人所說，
表明在宋代三百年間，墓葬制度中使用買地券的風俗長期延續了
下來。他們簡單提及的幾句話，在江西出土的地券實物中，都有
印證，而承載的內容信息更為豐富。茲舉三例以見一斑。

一、南昌余六貢士地券，石板。約一四○字，最短，內容是：

　　維皇宋淳祐十二年太歲壬子十二月辛亥朔越十日庚辛。孤哀
子余正子，敢告於墓崗之神曰：正子世有此土，今得吉卜，奉先

84　陶谷：《清異錄》，卷下。
85　周密：《癸辛雜識》，別集卷下，《買地卷》。

考六貢士靈柩，合葬於先妣鄒氏孺人塋域。坐乾向巳，左山右水，實為吉藏，神其相之。魑魅魍魎，憑陵幽宮，豺狼狐兔，跳樑墓道，神其殛之。以安先靈，春秋祭祀，神預饗焉。苟越是盟，有如此石。敢告。[86]

這篇簡單而直白的文字，內容全面，說了時間：淳祐十二年（1252 年）。對象：墓崗之神，即土地神。墓主及相關者名字。目的：防止魑魅魍魎、豺狼狐兔對墓的侵害。條件：土地神預饗祭祀；若失職，「有如此石」，這地捲石即是憑據。可見，這是墓主與墓崗神之間的契約，寄託著生者的期望。因其地是「世有此土」，故沒有說「買」的話。

二、廬陵周必大地券，石板。約四七○字，涉及的事項很多，全文是：

宋少傅大觀文益國公贈太師地券

青烏子曰：按鬼律云：「葬，不斬草、買地立券，謂之盜葬」。乃作券文曰：維皇宋嘉泰四年歲在甲子十一月己未朔十四日壬申吉，孤哀子周綸，伏為先考少傅大觀文益國公贈太師，生于靖康丙午七月十五日，薨於今年十月初一日。卜以是冬十二年（月？）丙申而安厝之。龜筮協從，厥州惟吉，惟厥縣廬陵，鄉曰儒林，原曰斗崗，以西兌山甲卯向為之宅兆。謹以冥貨極九陽

86 陳柏泉：《江西出土墓誌選編》，第 575 頁。

之數，幣帛依五方三色，就於后土陰官鬻地一區。東止青龍，西抵白虎，南極朱雀，北拒玄武。內方勾陳，分治五土。彼疆此界，有截其所。神禹所步，豎亥所度。丘丞墓伯，禁切呵護。驅彼罔象，投畀凶虎。弗迷歐異，莫予敢侮。千齡億年，永無災苦。敢有干犯，神弗置汝幽堂，亭長收付地下，主者必罰無赦。乃命子墨卿為□真宅。天光下臨，地德上載。藏神合朔，神迎鬼避。途車芻靈，是為器使。夔靈魑魅，莫能逢旃。妥亡祐存，罔有不祥。子子孫孫，克熾克昌。山靈地神，實聞此言。謂予不信，有如皎日。梅仙真時在旁知。急急如太上女青詔書律令。敕，急急如律令。敕，太上靈符，鎮安幽宅。神魂有歸，子孫永吉。邪精斥逐，蛇鼠徙跡。**87**

　　這篇由周必大兒子周綸寫於嘉泰四年（1204 年）的地卷文，除有地券中的基本要素之外，更突出地增添了道教、風水的觀念，加強了對鬼怪魑魅的命令。與余六貢士的一般平民不同，這是國公太師之墓，因其高貴身分，需要格外增加保安力量。多有的史料價值成分，是寫明了墓主的生卒時間，安葬的具體地點。

　　文中《青烏子》《鬼律》，是堪輿家講風水術的文獻。盛行墓葬風水的吉州士大夫，對此自必熟悉，周必大父子亦是溺信風水之人。文中所說的墓地「斗崗」，就是周必大生前以託夢為藉

87　陳柏泉：《江西出土墓誌選編》，江西教育出版社一九九一年版，第566-567頁。

口，向同僚岳崧（一作曾崧）詭奪得來的[88]。安葬之時，嚴格按照《鬼律》要求操作，買地立券「以冥貨極九陽之數」，就是通常地券所寫用錢九萬九千九百九十九文，向「后土陰官」購得此地。地有疆界，四至必須分明，故寫出東西南北四象（東青龍，西白虎，南朱雀，北玄武）。

要求陰司各路神靈「禁切呵護」墓地，說得特別仔細，既點到陰曹地府的丘丞、墓伯、亭長等官員，又說出道教中的梅仙、女青、太上老君等神仙，還一再下達敕令。所謂「急急如律令」等，全是道教符籙的用語，道士們做法事驅神捉鬼，都要寫在符籙上。保護亡魂安綏，可使「子孫永吉，克熾克昌」，這又是風水中的因果報應追求。如此種種，證明道教符籙法術、墓葬風水要求、天界陰司觀念等，全都滲入了民間葬儀禮制中。

三、清江王宣義地券，石板。約五五〇字，文字最長，主要內容如下：

維皇宋寶慶三年……我先考百七宣義，存日諱德秀，字秀洪，於嘉定辛未年親擇茲土，營建幽宅。已於是年十一月吉日，奉我先妣周氏三孺人靈柩，安厝於旁。嘗曰：「樂哉斯丘，我死

88　萬曆《吉安府志》，卷一二《山川志》載：「丞相周必大墓，在七都山斗崗上。公相國時，裡人曾崧亦入仕王朝。一日謂崧曰：『吾嘗念卜靈穴為體骨計，忽夜夢神人遺珠三斗，不知是何祥也？』崧曰：『賀公得宅矣。吾裡有三斗崗，此殆天以授公也。』公即以重貨求崧，崧讓貨。」轉引自黃秀顏《地券與柏人：宋元江西民俗芻探》，香港大學《中國文化研究所學報》一九九七年，新第六期。

其同歸焉。」其地自西兌山來龍擺拔起伏，有骨有脈，坐癸向
丁，前有池水，清澈如鏡。橫小洲如案，案之外復繞以槎溪。弓
城之水，明堂廣闊，萬馬可容，左右山勢迴環擁顧。陰陽家云，
是為吉壤。

　　我先考生於紹興壬申九月九日，歿於寶慶丙戌九月朔日，享
年七十有五。今龜筮協從，晟等謹遵治命，奉先考之柩而合焉。
竊惟先考平日勤謹謙和，雍容儒雅，事親以孝，接物以仁，鄉里
稱為善士。今考終，永新今尹張公洽為志其墓，善言善行備見乎
詞，制帥李公鼎為書其碑，宮使湯公　為題其額，皆所以表我先
考為人之賢也。諒神亦知之素矣。自今以往，惟冀黃家舊宅園土
地之神，與夫山伯土君，四圍神將，常切守護，而呵禁其不祥，
使我考妣二靈得以安休於此，以利子孫，則春秋祭祀，神亦與饗
之。永永無窮，亦以彰神之休德云。謹券。[89]

　　這份寫於理宗寶慶三年（1227 年）的地券，有如墓誌銘，
道教、風水的味道很淡，和陰司神鬼對話少，寫實的人事成分
多，比較周必大地券，是明顯不同的另一種風格。即便是選擇風
水寶地，也是實錄地形、地貌。涉及的年份較多，有利於考證人
事定位，王宣義在六十歲時，即嘉定辛未年（四年，1211 年）
已選好了墳地，建了墓室，安葬了周氏。十五年後，即寶慶丙戌
（二年，1226 年）卒歲，兒子遵囑將他與周氏合葬。地券中點出

第十章・佛道宗教與風水等習俗

張洽志墓，李鼎書碑，湯璹題額，增重了該券的資料價值。張洽，清江人，著名理學思想家，《宋史・張洽傳》不載其任永新知縣年份，該地券可補此缺。湯璹，瀏陽人，官至大理少卿、直徽猷閣，為人耿直，有「清風峻節」之譽，因而多次遭貶提舉宮觀，即文中所稱「宮使」，《宋史》有傳。李鼎，履歷未詳，他時任「制帥」，即制置使，當是駐在臨江軍的軍事長官。由此可以看出，這位王宣義雖無官爵，卻有較高的社會名望，「善言善行」一定突出，故能得到三位官員為其寫墓誌，書墓碑，題碑額。從這份地券來看，這類「冥器」，不僅有認識喪葬風俗的資料價值，也有社會歷史研究的價值。

以上三件地券的繁簡差異，都與墓主的身分聯繫著。人們現實的政治、經濟地位，制約著死後亡靈在陰間的處境。對死者在陰間的虛幻安排，是生者自身觀念的反映。

「買地券」書寫形式上，多般還有杜撰的買賣雙方、書寫人、牙人、見證人等，慶元五年（1199 年）十一月書寫入墓的分宜彭氏念一娘地券，比較典型，簡介如下：

維皇宋慶元五年十一月己丑朔二十八日丙辰，江西袁州分宜縣郭福壽坊居住，故孺人彭氏念一娘，行年五十一歲，身辭人世……買得……地一穴……奉太上老君敕，給地券一所，與亡人冥中自執為照。如有此色，即仰立塘太神收押，赴篙裡所司，准太上老君敕，斬之。急急如律令。賣地人：張堅固。牙保人：李定度。書券人：功曹。讀券人：主簿。時見人：東王公、西王

母。受地亡人：彭氏念一娘。[90]

　　所謂「牙保人」，即是撮合買賣的中間人，這也是把實際生活中的交易形式，搬到陰司通用。

90　陳柏泉：《江西出土墓誌選編》，第 564—565 頁。

後記

鍾起煌

　　二〇〇六年九月，《江西通志・北宋卷》書稿完成之後，我隨即開始寫作南宋卷，至今已經兩年有餘。把南宋歷史獨立寫成書，沒有先例，完全處在「打鐵冒樣，邊打邊像」的景況中。為了搜尋到有關的歷史資料，不得不盡量翻檢人物傳記，筆記文集，以及《宋會要輯稿》等基本文獻。沒等這項工做作完，已經感到資料很多，原先以為社會經濟、百姓生活無話說，實際情況卻相反，當前首要問題不是寫什麼，而是如何寫，對資料怎樣剪裁取捨。由於書稿交付時間很緊，來不及進行考古成果汲取，田野調查實踐，以及專題研究等階段性的準備工作，還沒有仔細設計提綱，便倉促進入撰寫之中。書稿的整體框架多次調整，逐步趨向完善，章節子目因新資料的增多而不斷修改。二〇〇八年春天，拿出了全書粗糙的草稿，提交編委會評審。參照評委們的意見，對草稿進行了幾個月的全面加工。秋天，交出了定稿，然後自己繼續在電子文本上修訂潤色。最近又耗去一個多月細讀清樣，再次調整刪修了一番，才算是結束正文寫作。

　　現在這本急就的書稿存在不少的疵病，有待進一步加工修正。就我自己而言，能夠完成這本書的寫作，實在應該感謝眾人

的真誠幫助。首先，師大文旅學院的方志遠院長給予了全面關照，不時為我解決具體困難，例如向出版社轉輸電子郵件，推薦電腦高手給安裝四庫全書檢索程序，幫我改善了工作條件。其次，吳小紅博士多次替我查找資料，提供學術信息，減少我在異地撰稿遇到的實際困難。還曾滿足我的要求，央請南京大學歷史系特木勒老師，專程前往雨花台尋找楊邦乂剖心處遺址，拍下照片，轉發給我。但很遺憾，沒有能用上它。再次，游歡孫、廖華生兩位博士分別起草了「南宋江西的州縣學」、「南宋江西的豪霸家族」，為我撰寫相關節目做了準備，他們原稿中的一些素材和思路都已採用。他們都是頂樑柱，大忙人，有做不完的本職工作，仍然擠時間服務於我，真是過意不去。

還有，旅居生活對我寫書是利弊並存，甚至利大於弊。幾年間多次去廣州、廈門照看小孫女，採買、炊煮等家務耗去了不少時間，然而，溫暖的氣候讓我在冬季照常工作，親暱的天倫之樂抵消了不少無名煩惱。尤其是專精於電腦的兒子在身邊，隨時幫助解決技術故障，有他悉心指教，我的操作技能比前提高，加快了撰稿進度。當然，這本書稿的相對完善，還得益於江西人民出版社副社長游道勤、編輯吳藝文等先生的精心編校。總而言之，書中滲透著眾多同志的智慧與汗水，應該是集體勞作的成果。

由於我個人的淺陋，兼之離開南昌導致的孤單與寂寞，雖然少了一些應酬，每天可以幹到二十三點，卻缺乏師友切磋，經常敲打，因而書稿中的資料不算少，而體例因循，史多論少，難有創新。經過這次嘗試，深感南宋一百五十餘年歷史不容忽視，該時段中江西社會尤其值得研討，有大量的文獻與實物資料有待衰

集整理，有太多的話題需要說深說透，已有的結論尚需斟酌，新的見解將在更豐富的資料基礎上確立。假若還有可能，我將儘力分專題補課，力求使其更臻完善。

許懷林

二〇〇九年一月十三日

主要 參考文獻

一 古籍

李心傳：《建炎以來系年要錄》，以後簡稱「系年要錄」。文淵閣四庫全書電子版，以下凡此，不再出注

《宋季三朝政要》

薛應旂：《宋史紀事本末》

《宋史全文》

徐夢莘：《三朝北盟彙編》

《慶元條法事類》

《宋史翼》

徐自明：《宋宰輔編年錄》

李埴：《十朝綱要》

楊士奇等：《歷朝名臣奏議》

劉義慶：《世說新語》

韓愈：《昌黎文集》

樂史：《太平寰宇記》

沈括：《夢溪筆談》

歐陽澈：《歐陽脩撰集》

楊時：《龜山集》

李綱：《梁溪全集》

熊克：《中興小記》、《中興聖政》

趙鼎：《忠正德文集》

汪應辰：《文定集》

汪藻：《浮溪集》

洪炎：《西渡集》

程俱：《北山集》

王庭珪：《瀘溪文集》

洪皓：《鄱陽集》

洪适：《盤洲文集》

呂祖謙：《東萊集》

陸九淵：《象山集》

朱熹：《晦庵集》、《朱子語類》

周必大：《文忠集》

楊萬里：《誠齋集》

彭龜年：《止堂集》

范成大：《驂鸞錄》、《石湖詩集》

陸游：《渭南文集》、《劍南詩稿》、《入蜀記》

辛棄疾：《稼軒長短句》

范鎮：《東齋紀事》

韓元吉：《南澗甲乙稿》

曹彥約：《昌谷集》

黃幹：《勉齋集》

葉適：《水心別集》

劉清之：《戒子通錄》

陳傅良：《止齋集》

曾幾：《茶山集》

張洽：《春秋集注》

蔡元定：《發微論》

董煟：《救荒活民書》

袁燮：《絜齋集》

袁甫：《蒙齋集》

真德秀：《西山文集》

魏了翁：《鶴山集》

劉克莊：《後村集》

張世南：《遊宦記聞》

岳珂：《金佗粹編》、《愧郯錄》、《桯史》

吳泳：《鶴林集》

薛季宣：《浪語集》

王象之：《輿地紀勝》

樓鑰：《攻愧集》

趙蕃：《章泉稿》、《淳熙稿》

趙與時：《賓退錄》

袁采：《袁氏世范》

俞文豹：《吹劍錄外集》

劉過：《龍洲集》

包恢：《敝帚稿略》

徐鹿卿：《清正存稿》

周應合：《景定建康志》

施宿：《嘉泰會稽志》

趙汝騰：《庸齋集》

陳自明：《婦人大全良方》

宋慈：《洗冤錄集》

孫覿：《鴻慶居士集》

羅願：《羅鄂州小集》

劉黻：《蒙川遺稿》

謝逸：《溪堂集》

蔡戡：《定齋集》

王質：《雪山集》

馬永卿：《懶真子》

歐陽守道：《巽齋集》

曾豐：《緣督集》

劉烑：《桂隱詩集》

李正民：《大隱集》

陳元晉：《漁墅類稿》

黃彥平：《三餘集》

王應麟：《四明文獻集》

吳子良：《荊溪林下偶談》

王禮：《麟原文集》

孫衣言：《甌海記聞》

晁公武：《郡齋讀書志》

陳振孫：《直齋書錄解題》

戴埴：《鼠璞》

洪咨夔：《平齋集》

姚勉：《雪坡文集》

陳文蔚：《克齋集》

廖剛：《高峰文集》

黃震：《黃氏日抄》

陶谷：《清異錄》

方勺：《泊宅編》

趙善括：《應齋雜著》

袁說友：《東塘集》

王之道：《相山集》

趙文：《青山集》

吳潛：《許國公奏議》

王炎：《雙溪類稿》

嚴羽：《滄浪集》

高斯得：《恥堂存稿》

劉岳申：《申齋集》

韓彥直：《橘錄》

王柏：《魯齋集》

李彌遜：《筠溪集》

謝枋得：《文章軌範》

周密：《齊東野語》、《癸辛雜識》

劉壎：《水雲村稿》

周煇：《清波雜誌》

朱彧：《萍洲可談》

王應麟：《玉海》

沈作喆：《寓簡》

佚名：《昭忠錄》

艾性夫：《剩語》

陸心源：《宋詩記事補遺》

吳澄：《吳文正集》

虞集：《道園學古錄》

鄭玉：《師山集》

陳衍輯：《元詩紀事》

《疑獄集》

祝穆：《古今事文類聚》

夏文彥：《圖繪寶鑑》

陶宗儀：《說郛》、《書史會要》

盛如梓：《庶齋老學叢談》

朱琰：《陶說》

黃宗羲：《宋元學案》，世界書局 1936 年版

《宋會要輯稿》，徐松輯校，中華書局 1957 年版

吳曾：《能改齋漫錄》，上海古籍出版社 1960 年版

王明清：《揮麈錄》，中華書局 1961 年版

《後漢書》，中華書局 1965 年版

歐陽脩：《新五代史》，中華書局 1974 年版

《元史》，中華書局 1976 年版

《宋史》，中華書局 1977 年版

陸游：《老學庵筆記》，中華書局 1979 年版

張孝祥：《於湖居士文集》，上海古籍出版社 1980 年版

洪邁：《夷堅志》，何卓點校，中華書局 1981 年版

《史記》，中華書局 1982 年版

趙與時：《賓退錄》，上海古籍出版社 1983 年版

莊綽：《雞肋編》，中華書局 1983 年版

羅大經：《鶴林玉露》，中華書局 1983 年版

揭傒斯：《揭傒斯全集》，上海古籍出版社 1985 年版

馬端臨：《文獻通考》，中華書局 1986 年版

《文天祥全集》，熊飛等校點，江西人民出版社 1987 年版

洪邁：《容齋隨筆》，上海古籍出版社 1987 年版

《劉辰翁集》，段大林校點，江西人民出版社 1987 年版

《陳亮集》鄧廣銘點校（增訂本），中華書局 1987 年版

呂祖謙：《東萊博議》，岳麓書社 1988 年版

《新元史》，上海古籍出版社 1989 年版

程端禮：《程氏家塾讀書分年日程》，黃山書社 1992 年版

章如愚：《群書考索》，上海古籍出版社 1992 年版

胡寅：《斐然集》，中華書局 1993 年版

《謝疊山全集校注》，華東師範大學出版社 1994 年版

《元典章》，中國廣播電視出版社 1998 年版

洪皓：《松漠記聞》。《豫章叢書·史部一》，江西教育出版

社 2000 年版。

《續資治通鑑長編》，中華書局 2004 年版

《名公書判清明集》，中華書局 2004 年版

羅椅：《澗谷集》，《豫章叢書·集部六》，江西教育出版社 2004 年版

李心傳：《建炎以來朝野雜記》徐規點校本，中華書局 2006 年版

二　現代論著

鄧廣銘：《稼軒詞編年箋注》，上海古籍出版社 1978 年版

梁方仲：《中國歷代戶口、田地、田賦統計》，上海人民出版社 1980 年版

《宋史研究論文集》，上海古籍出版社 1982 年版

中國硅酸鹽學會主編：《中國陶瓷史》，文物出版社 1982 年版

周寶珠、陳振主編：《簡明宋史》，人民出版社 1985 年版

周臘生：《宋代狀元譜》，紫禁城出版社 1990 年版

陳柏泉編著：《江西出土墓誌選編》，江西教育出版社 1991 年版

劉文源編：《文天祥研究資料集》，中國社科出版社 1991 年版

何忠禮：《宋史選舉志補正》，浙江古籍出版社 1992 年版

許懷林：《江西史稿》，江西高校出版社 1993 年版

李才棟：《江西古代書院研究》，江西教育出版社 1993 年版

李國鈞主編：《中國書院史》，湖南教育出版社 1994 年版

汪聖鐸：《兩宋財政史》，中華書局 1995 年版

張傳璽主編：《中國歷代契約會編考釋》，北京大學出版社 1995 年版

王曾瑜：《宋代階級結構》，河北教育出版社 1996 年版

吳松弟等：《中國移民史》第四卷，福建人民出版社 1997 年版

余家棟：《江西陶瓷史》，河南大學出版社 1997 年版

龔延明：《宋代官制詞典》，中華書局 1997 年版

陳谷嘉、鄧洪波主編：《中國書院制度研究》，浙江教育出版社 1997 年版

黎傳紀、易平：《江西方志通考》，黃山書社 1998 年版

周迪人等著：《德安南宋周氏墓》，江西人民出版社 1999 年版

漆俠：《中國經濟通史·宋代經濟卷》，經濟日報出版社 1999 年版

何忠禮、徐吉軍：《南宋史稿》，杭州大學出版社 1999 年版

吳文丁：《陸九淵全傳》，百花洲文藝出版社 1999 年版

王心田：《陸九淵知軍著作研究》，武漢大學出版社 1999 年版

譚其驤：《長水粹編》，河北教育出版社 2000 年版

黎崱《安南志略》，武尚清點校，中華書局 2000 年版

王善軍：《宋代宗族和宗族制度研究》，河北教育出版社 2000 年版

郭東旭：《宋朝法律史論》，河北大學出版社 2001 年版

張文：《宋朝社會救濟研究》，西南師範大學出版社 2001 年版

斯波義信：《宋代江南經濟史研究》（方健、何忠禮譯），江蘇人民出版社 2001 年版

田浩：《朱熹的思維世界》，陝西師範大學出版社 2002 年版

曹家齊：《宋代交通管理制度研究》，河南大學出版社 2002 年版

許懷林等著：《鄱陽湖流域生態環境的歷史考察》江西科學技術出版社 2003 年版。

汪聖鐸：《兩宋貨幣史》，社科文獻出版社 2003 年版

游彪：《宋代寺院經濟史稿》，河北大學出版社 2003 年版

田浩編：《宋代思想史論》，社會科學文獻出版社 2003 年版

張其凡：《宋代史》，澳亞週刊出版有限公司 2004 年版

余英時：《朱熹的歷史世界》，生活・讀書・新知三聯出版社 2004 年版

許懷林：《江西省行政區劃志》，方志出版社 2005 年版

王菱菱：《宋代礦冶業研究》，河北大學出版社 2005 年版

江西省氣象局資料室編：《江西省氣候資料》（內）

三　地方誌、地名志：

《明一統志》

《清一統志》

雍正《江西通志》

光緒《江西通志》

正德《袁州府志》

嘉靖《贛州府志》

萬曆《吉安府志》

萬曆《袁州府志》

同治《贛州府志》

同治《吉安府志》

乾隆《浮梁縣誌》附蔣祈《陶記略》

乾隆《樂平縣誌》

同治《泰和縣誌》

同治《貴溪縣誌》

同治《餘干縣誌》

同治《興國縣誌》

同治《廣昌縣誌》

同治《崇仁縣誌》

同治《樂安縣誌》

同治《永豐縣誌》

同治《龍泉縣誌》

同治《雩都縣誌》

同治《金溪縣誌》

同治《萍鄉縣誌》

同治《鉛山縣誌》

同治《臨川縣誌》

正德《白鹿洞書院新志》

《景德鎮市志略》，漢語大詞典出版社 1989 年版

《宜豐縣誌》，中國大百科全書出版社 1989 年版

《清江縣誌》，上海古籍出版社 1989 年版

《鉛山縣誌》，南海出版公司 1990 年版

《崇仁縣誌》，江西人民出版社 1990 年版

《大余縣誌》，三環出版社 1990 年版

《贛縣誌》，新華出版社 1991 年版

《餘干縣誌》，新華出版社 1991 年版

《弋陽縣誌》，南海出版公司 1991 年版

《南城縣誌》，新華出版社 1991 年版

《修水縣誌》，海天出版社 1991 年版

《金溪縣誌》，新華出版社 1992 年版

《湖口縣誌》，江西人民出版社 1992 年版

《宜黃縣誌》，新華出版社 1993 年版

《黎川縣誌》，黃山書社 1993 年版

《上饒縣誌》，中共中央黨校出版社 1993 年版

《永豐縣誌》，新華出版社 1993 年版

《泰和縣誌》，中共中央黨校出版社 1993 年版

《吉安縣誌》，新華出版社 1994 年版

《婺源縣誌》，檔案出版社 1994 年版

《峽江縣誌》，中共中央黨校出版社 1995 年版

《九江縣誌》，新華出版社 1996 年版

《萬安縣誌》，黃山書社 1996 年版

《浮梁縣誌》，方志出版社 1999 年版

《贛州市志》，中國文史出版社 1999 年版

《上高縣文物誌》（內）1986 年編印

永新縣地名辦公室編印：《永新縣地名志》（內）1983 年版

宜豐縣地名辦公室編印：《宜豐縣地名志》（內）1984 年版

寧都縣地名辦公室編印：《寧都縣地名志》（內）1984 年版

德興縣地名辦公室編印：《德興縣地名志》（內），1985 年版

金溪縣地名辦公室編印：《金溪縣地名志》（內），1986 年版

黎川縣地名志辦公室印：《黎川縣地名志》（內），1987 年版

四　論文：

胡昭曦：《略論南宋末年四川軍民抗擊蒙古貴族的鬥爭》，《宋史研究論文集》上海古籍出版社 1982 年版

陳定榮、徐建昌：《江西臨川縣宋墓》，《考古》1988 年第 4 期

許懷林：《岳飛在江西的軍事活動評述》，《岳飛研究論文集》（第二集），《中原文物》（特刊），1989 年

（美）韓森：《宋代的買地券》，《國際宋史研討會論文選集》，河北大學出版社 1992 年版

許懷林：《陸九淵家族及其家規述評》，《江西師範大學學報》1989 年第 2 期

《景德鎮窯業遺存考察述要》，《江西文物》1991 年第 3 期

劉禮純：《江西瑞昌縣發現七座宋代紀年墓》，《考古》1992年第4期

俞惕生：《辛棄疾在瓢泉》，鉛山縣政協編《鉛山人物》（鉛山文史資料第八輯），1994年

許懷林：《大節凜然照古今——洪皓評傳》，《江西歷史名人研究》，中國人事出版社1995年版

汪建策：《江西九江出土南宋江州鉛錢牌》，《中國錢幣》1996年，第一期

黃秀顏：《地捲與柏人：宋元江西民俗芻探》，香港大學《中國文化研究所學報》1997年，新第6期

漆俠：《宋代植棉考》，收入《探知集》，河北大學出版社1999年版。

許懷林：《槎灘陂——千年不敗的灌溉工程》，《漆俠先生紀念文集》，河北大學出版社2002年版

許懷林：《陸九淵對主體能動性的張揚》，《宋史研究論叢》，河北大學出版社2003年版

黃進興：《「朱陸異同」——一個哲學詮釋》，《宋代思想史論》，社會科學文獻出版社2003年版

許懷林：《書院與科舉的依存關係——兼對書院「不是為了科舉仕進」說的質疑》，《歷史文獻與傳統文化》，蘭州大學出版社2003年版

彭適凡：《南宋「贛州鑄錢院」葵形銅鏡》，《中國文物報》2003.5.21

陳學斌：《對南宋「贛州鑄錢院」的一點補充》，《中國文物

報》2003.9.3

　　賈文龍：《宋代社會對「吃菜事魔」信仰的誤解及變遷溯源》，《宋史研究論叢》，河北大學出版社 2003 年版。

　　許懷林：《宇宙、六經與我——陸九淵思想略說之二》《東南理工學院學報》2005.3

　　許懷林《讀〈生祭文丞相〉》，《宋史研究論叢》，河北大學出版社，2007 年版

　　（韓）李瑾明：《南宋時期荒政的運用和地方社會》，《宋史研究論叢》，河北大學出版社 2007 年版

　　許懷林：《劉靖之兄弟的教育與理學思想》，《紀念鄧廣銘教授百年誕辰國際學術研討會論文集》，中華書局 2008 年版

江西文庫 A0701A17

江西通史：南宋卷　第四冊

主　　編　鍾啟煌
作　　者　許懷林
責任編輯　楊家瑜

發 行 人　陳滿銘
總 經 理　梁錦興
總 編 輯　陳滿銘
副總編輯　張晏瑞
編 輯 所　萬卷樓圖書股份有限公司
排　　版　菩薩蠻數位文化有限公司
印　　刷　百通科技股份有限公司
封面設計　菩薩蠻數位文化有限公司

出　　版　昌明文化有限公司
桃園市龜山區中原街 32 號
電話 (02)23216565
發　　行　萬卷樓圖書股份有限公司
臺北市羅斯福路二段 41 號 6 樓之 3
電話 (02)23216565
傳真 (02)23218698
電郵 SERVICE@WANJUAN.COM.TW
大陸經銷　廈門外圖臺灣書店有限公司
　　電郵 JKB188@188.COM

ISBN 978-986-496-332-4
2018 年 1 月初版
定價：新臺幣 300 元

如何購買本書：
1. 轉帳購書，請透過以下帳戶
　　合作金庫銀行　古亭分行
　　戶名：萬卷樓圖書股份有限公司
　　帳號：0877717092596
2. 網路購書，請透過萬卷樓網站
　　網址　WWW.WANJUAN.COM.TW
大量購書，請直接聯繫我們，將有專人為您
服務。客服：(02)23216565 分機 610

如有缺頁、破損或裝訂錯誤，請寄回更換
版權所有·翻印必究
Copyright©2016 by WanJuanLou Books CO., Ltd.
All Right Reserved　　　　　**Printed in Taiwan**

國家圖書館出版品預行編目資料

江西通史　南宋卷 / 鍾啟煌主編.-- 初版.--
桃園市：昌明文化出版；臺北市：萬卷樓
發行, 2018.01
　　冊；　公分
ISBN 978-986-496-332-4 (第四冊：平裝).--
1.歷史 2.江西省
672.41　　　　　　　　　　107001898

本著作物經廈門墨客知識產權代理有限公司代理，由江西人民出版社授權萬卷樓圖書
股份有限公司出版、發行中文繁體字版版權。
本書為金門大學華語文學系產學合作成果。　　　　校對：陸仲琦／華語文學系二年級